박 과장은 어떻게
5년 만에
120억을
만들었나

"서울 아파트에서 기회를 찾아라!"

박 과장은 어떻게
5년 만에
120억을
만들었나

박재진(갓슬러) 지음

서울 아파트 한 채는 무조건 사라

2007년부터 직장 생활을 시작했지만 입사 8년차까지도 돈을 많이 모으지 못한 상태였다. 게다가 그 시기에 폭언하는 상사와 일하게 되면서 퇴사를 고민할 정도로 직장 생활도 엉망이었다. 이에 퇴사를 각오하고 세계 여행을 꿈꾸었으나 그마저도 갑자기 생긴 허리디스크와 이슬람국가(IS) 테러 확산으로 인해 실행에 옮기지 못했다. 정말이지 당시에는 '어떻게 살아야 하나?' 걱정하며 뜬눈으로 밤을 지새울 때가 많았다. 그러던 중 친구로부터 부동산 투자에 관한 이야기를 듣게 되었고, 그로 인해 그 세계에 입문하게 되면서 내 인생은 180도 바뀌게 되었다.

2015년 말부터 투자 관련 서적 50권을 반복해 읽어 나가면서 부동산 투자를 시작해 5년간 20여 채의 아파트를 매입, 매도했다. 그 결과, 2021년 4월 현재 서울에 8층짜리 꼬마빌딩과 강남 핵심 학군지에 위치한 34평(전용면적 84.99㎡) 아파트를 보유하고 있고, 성동구 한강변 아파트에는 자가로 거주하고 있다. 자산으로 따지면 120억 원 수준이다.

회사 입사할 때 다섯 평짜리 원룸에 세 들려고 은행에서 빌린 3,500만 원 대출이 전 재산이었던 시절과 비교해 보면 정말 엄청나게 큰 변화가 아닐 수 없다. 그런데 그 변화는 모두 부동산을 공부하면서 시작되었고, 그것도 불과 5년 만에 벌어진 결과였다.

생각해 보면 아파트 가격이 반등해 상승하는 좋은 시기에 아파트를 매입했던 것이 자산을 늘려 갈 수 있었던 주요한 요인이었다. 하지만 여러 채의 아파트를 계속해서 매입할 수 있었던 건 그만큼 확신이 있었기 때문이다.

또한 정부의 부동산 정책을 적극적으로 활용한 것도 자산이 늘어나는 데 한몫을 하였다. 일시적 1가구 2주택, 다주택자를 위한 임대사업자제도, 대출의 극대화 등이 바로 그런 것들이었다.

이렇게 자산이 늘어나다 보니 동년배부터 50대 선배님들까지 많은 분들에게 투자 상담을 해 주었다. 그중 한 분은 무주택자였다가 현재 실거래가로만 15억 넘게 오른 강남 입성에 성공하셨고, 또 다른 분은 서울의 소형 평수 아파트를 다수 매입하거나 일시적 1가구

2주택으로 비과세 혜택을 받아 자산을 늘렸다. 무료 상담치고는 꽤나 괜찮은 성적이지 않은가.

수요 급증, 공급 급감, 통화량 증가, 대규모 공사 착공

부동산 가격을 결정하는 많은 요인들 가운데 다음의 4가지가 시세에 가장 영향을 미친다고 생각한다. 바로 수요, 공급, 통화량, 그리고 심리적 요인이다.

임대사업자를 양성하는 정책 탓에 아파트를 팔려고 내놓는 사람들은 급격히 감소하고, 분양가 상한제로 신규 공급마저 축소되고 있다. 반면에 서울 내 세대수는 계속해서 증가하고 있고, 지속적인 대출 조이기로 인한 불안 심리가 신고가를 속출하게 만든다. 또한 막대한 토지 보상금이 풀리고, GBC(글로벌비즈니스센터, 현대자동차그룹 사옥) 착공 등 대규모 건설 공사가 예정되어 있다. 이와 같은 수요 급증, 공급 급감, 통화량 증가와 대규모 공사의 착공은 향후 몇 년간 서울 아파트 시세에 엄청난 영향을 미칠 것으로 판단된다.

아파트 가격을 잡으려는 정부 정책은 오히려 시장의 역습을 맞고 있다. 현재까지 나온 부동산 정책들을 분석해 보면서 아파트 투자 시 최선책은 무엇인지, 그리고 자산 상황에 따라 어떻게 하면 서울 아파트 매입을 쉽게 할 수 있는지에 대해서 이야기하고자 한다. 또 필자는 투자를 어떻게 해 왔는지 그리고 지금 필자가 다시 아파트 투자를 시작한다면 어떻게 접근해 나갈 것인지에 대해서도 써 놓았다.

이 책은 한마디로 바로 내 옆자리에서 묵묵히 일하고 있는 평범한 직장 동료의 투자 이야기라 할 수 있다.

문득문득 미래에 대한 불안감이 생긴다면 서울 아파트 한 채를 사라! 화폐 가치가 휴지 조각이 되는 이 시대에 최소한의 안전장치가 되어 줄 것이다.

2021년 4월
한강변 아파트에서
박재진(갓슬러)

CHAPTER 2 서울 아파트 슈퍼 사이클의 증거들

CHAPTER 3 어떻게 투자해야 하나

CHAPTER 4 자산, 이렇게 불려라

CHAPTER 5 | 서울의 이 아파트를 주목하라

CHAPTER 6 수익을 안겨 줄 서울의 재건축 아파트

CHAPTER 1

나는 어떻게
120억을 만들었나

나는 서울에 있는 30평 아파트에서 쌍둥이를 키우면서 직장 생활을 하고 있는 올해 마흔 살의 아저씨다. 이렇게 지극히 평범한 내가 어떻게 부동산 투자를 시작하게 되었는지, 그리고 어떻게 불과 5년 만에 자산을 120억까지 늘릴 수 있었는지 이야기해 보고자 한다.

어쩌다 첫 투자

2012년 1월 유난히도 추웠던 겨울날에 드디어 결혼을 하게 되었다. 5년 동안 직장 생활을 하면서 모은 돈은 7,000만 원 정도. 당시 이 돈으로 대출을 조금 끼면 번듯한 집 한 채는 구할 수 있을 것이라는 엄청난 착각을 했다.

대출받는 것에 거부감이 없었던 데에는 지금의 회사에 들어가면서 원룸을 구하느라 3,500만 원을 대출받아 본 경험이 있었기 때문이다.

예물예단을 최소한으로 줄이고, 아내와 이것저것 합치니 1억 원이 되었다. 거기에 은행에서 전세자금 1억 3,000만 원 대출받은 것을 보태 마포에다 2억 1,000만 원짜리 아파트 전세를 얻었다. 언덕에 위치한 아파트라 당시 서울에서 구한 집치고는 그래도 싼 편에 속했다.

만약 아내가 직장 생활을 하지 않았거나 지방에 직장이 있었더라면 아마도 그곳에다 신혼집을 꾸렸을 것이다. 부동산 투자에 대해서 전혀 감이 없던 시절이었음에도 이렇게 서울에 첫 아파트를 구한 것은 운이라고 할 수 있다. 서울에 집을 구한 것과 지방에 집을 구한 것의 결과는 나중에 천지 차이가 나기 때문이다.

어쨌든 이렇게 마포에다 신혼집을 구하고 나서 결혼 생활을 시작하였다. 그리고 2년이 지나 2014년 재계약 시점이 되자, 집주인은 전세금을 올리지 않는 대신에 30만 원을 월세로 달라고 요구했다. 매달 30만 원을 임대인에게 준다는 것이 너무 아깝다는 생각이 들어 전셋값을 올려 주겠다고 했지만, 집주인은 월세를 고집했다. 속이 쓰렸지만 결국 우리 부부는 임대인의 요구대로 재계약할 수밖에 없었다.

하지만 재계약을 하고 나자, 월급의 10% 가까운 돈이 그냥 사라진다는 것이 너무 아깝다는 생각이 다시금 들었다. 또한 항상 자식 걱정이 우선인 장모님께서도 서울에서 생활하려면 집은 꼭 사 두는 편이 좋겠다는 말씀을 여러 차례 하셨다. 이런 이유들로 결국 전세 재계약을 한 지 두 달 만에 집을 사기로 결심하였다. 물론 당시에도 서울 집값이 너무나 비싸다는 생각은 했지만, 차도 없고 아이도 없고, 그리고 무엇보다 둘 다 소비보다는 저축을 하는 생활습관을 가지고 있기에 대출을 받더라도 금방 갚을 수 있을 것이라 생각해 내린 결정이었다.

그 결정을 하고 나서 2014년 5월 옥수동 아파트 한 채를 4억 3,500만 원(대출 2억 4,000만 원)에 매입하기로 했다. 당시에는 집값이 오르거나 내리는 것에 대해서 거의 무감각했고, 다만 자동차를 사면 돈을 못 모은다는 생각을 가지고 있었기 때문에 대중교통으로 출퇴근하기에 편리한 곳을 최우선으로 선택하여 옥수동에 위치한 아파트를 골랐던 것이다.

옥수동은 지하철 3호선 옥수역이 지나가면서 강북과 강남을 이어주고, ITX와 중앙선도 다녀서 다방면으로 다니기에 교통이 편리했다. 그리고 한강이 바로 앞에 있어 산책하기에 좋았고, 뒤에 자그마한 산도 있어서 공기 또한 상쾌했다.

첫 집을 사다

옥수동 아파트 매입을 결정하고 나서 마포 집을 나가겠다고 집주인에게 이야기를 하자, 전세가가 계속 오르던 시절이었던지라 들어올 세입자가 바로 구해졌다. 그런데 문제는 우리가 매입하기로 한 옥수동 아파트였다. 매도자가 이사 갈 집을 못 구했다며 지금은 매도를 못하겠다고 말을 바꾼 것이었다. 그러다가 결국 다시 매도하기로 했지만, 이번에는 새시가 되어 있다는 이유를 들며 원래 매입하기로 한 가격보다 500만 원을 더 달라고 요구하는 게 아닌가. 그뿐만이 아니었다.

중개업소에서 법무사를 소개해 줬는데, 그 비용 또한 덤터기를 썼다. 그것도 당시에는 전혀 모르고 있다가 나중에 부동산 공부를 조금씩 해 나가면서 옛날에 계약한 계약서를 살펴보다가 그 사실을 알게되었다. 지금은 법무통 등 법무사 연결 애플리케이션을 이용하면 그 비용이 20만 원 정도면 충분한데, 당시에 나는 무려 65만 원을 지불했다. 역시 모르면 당하는 법이다.

그런데 여기서 끝이 아니었다. 전셋집 퇴거 날짜와 매입한 아파트의 입주 날짜가 안 맞는 바람에 우리 부부는 살림 전부를 이삿짐센터 창고에 맡겨 두고(물론 비용은 우리 돈으로), 약 6~7평 되는 작은 오피스텔에서 석 달 동안 지내야만 했다. 설상가상으로 그 오피스텔이 주거용이 아니라 사무실 용도로 지어진 거라서 아침에 30분가량 물을 틀어 놓아야만 뜨거운 물이 나올 정도로 불편했다. 이 때문에 생활 리듬이 깨져 스트레스가 이만저만이 아니었다.

그래도 처음 매입한 아파트인지라 애정을 갖고 옥수동에 있는 인테리어 가게들을 숱하게 드나들었던 기억이 있다. 벽지는 어떤 색깔로 할 것이며, 포인트 벽지는 할 것인지, 만약 하게 되면 방마다 어떤 것으로 할 것인지, 욕실 스타일은 어떻게 할 것인지, 조명은 또 어떻게 할 것이고, 가벽은 허물지 말지, 싱크대는 어떤 스타일로 할 것인지 등등을 세세하게 체크해 가며 알아보았다.

그런데 이렇게 열심히 알아보고 인테리어 공사를 할 때 자주 갔었음에도 불구하고 문제가 발생했다. 벽지가 우리 부부가 골랐던 색상이 아닌 다른 것으로 되어 있어서 뜯고 다시 붙였는가 하면, 모든 공사가 마무리되고 인테리어 비용까지 다 치르고 나서 보니 이번에는 욕실 바닥이 덧방으로 올라와 있었다. 덧방을 하게 되면 화장실 바닥이 높아져서 청소를 할 때 물이 바깥으로 넘어올 수가 있는데, 경험이 없던 우리 부부는 당시 그러려니 하고 넘어갔던 것이다. 결국 그곳에서 몇 년간 살면서 화장실 청소를 할 때마다 물난리를 경험하는 것으로 그 대가를 톡톡히 치렀다.

이 트라우마 때문에 내 집이건 전세를 줄 집이건 간에 인테리어를 할 때는 무조건 욕실 바닥의 덧방 여부를 확인하고, 만약 욕실 바닥을 다 뜯어내는 것이 지나치게 큰 공사라고 하면 덧방을 해도 물청소에 영향이 없는지를 꼭꼭 점검하고 있다.

신기한 상황이 펼쳐지다

이렇게 우여곡절 끝에 입주한 아파트에서 생활한 지 1년 6개월가량 지났을까. 어느 일요일 오전에 분리수거를 하러 잠시 나왔을 때였다.

"안녕하세요!"

누군가 인사해서 돌아보니, 같은 층에 사는 남자였다.

"안녕하세요. 잘 지내시죠?"

"네, 그런데 혹시 여기 집 사서 들어오셨나요?"

인사하자마자 집을 사서 들어왔느냐는 물음에 다소 의아했지만, 그렇다고 대답했다.

"정말 잘 하셨네요. 저는 3억 5,000만 원 주고 전세로 들어왔는데, 이제 재계약 시점이 되다 보니 임대인이 5,000만 원을 올려 달라고 하네요. 휴…… 전셋값이 왜 이렇게 오르는 건지, 집값은 왜 또 이렇게 오르는 건지 진짜 울고 싶네요. 나도 집 사서 들어올걸…… 대출 안 받으려고 하다가 그만……."

그런 이야기를 듣는데 뭔가 머릿속이 환해지는 느낌이었다. 집주인은 4억 3,000만 원에 집을 사서 3억 5,000만 원에 전세를 줬는데 그 사이에 집값이 5억 3,000만 원으로 올라 버려 1억 원을 번 셈이었고, 반면에 세입자는 대출이 부담스러워 3억 5,000만 원에 전세를 얻었지만 전셋값이 올라 버려 지금 시점에서는 오히려 5,000만 원을 더 집주인에게 줘야 하는 상황이 된 것이었다.

8,000만 원(매매 4억 3,000만 원-전세 3억 5,000만 원)을 투자해서 2년도 채 지나지 않아 1억 원의 차익을 얻다니, 당시에는 이 상황이 마냥 신기하게 느껴졌다.

너무나도 쉬웠던 첫 투자

그런데 이 일이 있고 나서 며칠 지나지 않아 친구와 점심 식사를 하게 되었는데, 그가 전에 없이 갑자기 부동산 이야기를 꺼내는 게 아닌가.

"나 이번에 하계동에 아파트 하나 살 거야."

"아파트? 너 돈 많아?"

"아니, 대출되잖아."

친구가 아파트 이야기를 하자, 내 귀가 솔깃해졌다. 아파트 가격이 계속해서 오르고 있다는 것과 아파트를 산 사람들이 많은 이익을 보고 있다는 것을 일요일에 만난 아랫집 사람을 통해 체감한 터였기에 가능했던 일이었다. 또한 당시 나는 직장 상사와의 불화 때문에 퇴사까지 생각하면서 '뭘 먹고살아야 하나?'라는 고민이 극에 달했던 터라 친구의 이야기가 더욱 와닿았다.

친구는 내가 자기 이야기에 관심을 보이자, 대출을 받아 집을 사는 것에 대한 여러 가지 장점을 설명해 주면서 나에게도 하계동 아파트를 사라고 적극 추천해 주었다. 그 이야기를 듣고 있자니 자연스레 내 마음에 하계동을 한번 가 보고 싶다는 호기심이 일어났다.

쇠뿔도 단김에 빼라고 하지 않았던가. 마침 다음 날 집에서 하루를 쉬려고 휴가를 냈기에 하계동에 가 보기로 했다. 그런데 그날 집 근처에 있는 옥수역에서 지하철을 타고 갔으면 바로 하계역으로 갔을 텐데, 종로에서 아내를 만나 점심 식사를 하고 갔던 터라 동대문역에서 4호선으로 갈아타는 바람에 하계역이 아닌 노원역을 먼저 지나치게 되었다. 인터넷으로 부동산 기사들을 찾아보니 많은 강남 부자들이 상계동 일대 아파트들에 투자를 했다는 내용들이 있어 일단 노원역에서 내렸다. 그리고는 그 근처를 한번 걸어 보았다. 딱히 뭘 알아보려고 했던 것이 아니라 날씨도 따뜻했기에 동네 구경이나 할 심산이었다.

상계동은 아파트가 모여 있는 곳이라 그런지 동네가 잘 정돈되어 있었고, 주변에 하천(중랑천)이 흐르고 있어서 그 하천을 따라 정비된 길을 산책하고 있는 사람들을 보니 여유로움마저 느껴졌다. 그리고 주변에 산(수락산)도 있어서 공기 또한 상쾌했다. 또 인터넷을 보니 주공아파트들이 1988년에 지어져서 재건축 안전진단 연한이 3년 남았고, 지하철역이 근거리에 있음에도 가격이 저렴하고, 대단지라는 사실도 알게 되었다. 그리고 노원역 부근으로 여러 개의 부동산 중개업소들이 있는 것이 눈에 띄었는데, 많은 사람들이 들락날락거리는 것을 보니 거래 또한 활발하다는 인상을 받았다.

나는 여기저기 둘러보다가 노원역 바로 앞에 있는 부동산 중개업소에 한번 들어가 보았다. 그곳의 공인중개사는 나이 든 할아버지였는데, 나를 보자마자 귀찮은 듯한 표정을 지었다. 나중에 생각해 보니 아마도 집을 구하러 온 사람이 아니라고 판단해서 나를 그렇게 대했던 것 같다.

조언을 하나 하자면, 중개업소는 사전에 전화를 해서 매수자나 세입자라고 말하고 방문을 하는 것이 좋다. 매매를 하거나 전세를 구하러 오는 사람이 갑자기 중개업소에 불쑥 들어와서 집을 보고 계약을 하는 경우는 그렇게 많지가 않다. 그런 사람들에게는 당연히 공인중개사가 집에 대해 제대로 설명해 주지도, 매물을 쉽게 보여 주지도 않을 것이다. 이는 전화를 해서 시간 약속을 잡고 오는 사람이 구체적으로 집에 대해 생각을 하고 오는 경우가 더 많은 탓이다. 더군다나 아파트를 보러 갈 때는 "여기 부동산에 대해서 공부 좀 해 보려고요"라고 하면 거의 대부분 퇴짜를 맞을 것이니 그것도 유념해야 한다.

아무튼 그 중개업소를 나와 다른 중개업소에 들러 매매를 생각하고 있다고 이야기를 하니, 이번에는 다행히 여성 공인중개사가 친절하게 동네 설명을 해 주면서 방문 가능한 아파트들도 바로 예약을 걸어 주었다. 또 조만간 근처의 공영 주차장이 빠지고 그 자리에 대규모 복합 문화시설이 조성될 것이라고 말해 주어 확인해 보니 실제로 그런 기사들이 인터넷에 있었다.

이렇게 상계동 주공아파트 3채를 보고 난 후, 나는 큰 고민 없이 월세가 끼어 있는 집을 매매하기로 했다. '다소 충동적인가?'라고 잠깐 생각했다가 머릿속으로 간단하게 계산해 본 결과, 은행에서 돈을 빌려서 집을 구매해도 큰 손해는 없겠다는 결론에 이르렀기 때문이다.

'보증금 500만 원에 월세 55만 원이니 1년이면 월세만 660만 원(55만 원×12개월)이 들어온다. 대신에 아파트 매매가는 1억 9,000만 원으로 은행에서 3% 이자율로 빌릴 경우 연 570만 원(1억 9,000만 원×0.03%)의 돈이 나간다. 결론적으로 이 아파트를 매입함과 동시에 연간 90만 원의 수익(월세 660만 원-이자 570만 원)이 발생되며, 복합문화시설이 확정되는 시점까지 계속 보유하고 있으면 아파트 값은 더 오를 것이다.'

부동산 투자에 대해서 거의 모르던 시절이었음에도 매매가와 이자비용 등을 계산하면서 신기하다는 생각을 했다. 아파트를 1채 사면 이자를 내면서도 연간 90만 원의 수익이 생긴다니, 정말 신기하지 않은가? 대출 한계가 없다고 가정하면, 내가 만약 10채를 계약하면 이자비용을 제하고도 연간 900만 원(10채×90만 원)의 수입이 생기는 셈이다. 집도 내 소유가 되고 거기에다 수익도 생기다니, 세상에 이렇게 쉬운 투자가 다 있다고? 정말 신기하다는 생각을 다시금 했다.

내가 다니는 회사에서는 당시 직원 복지 차원에서 보증보험을 끼고 3%의 이자율로 1억 5,000만 원까지 빌려주는 대출 상품이 있었고, 옥수동 아파트 값도 계속 오름세여서 추가적으로 대출받는 것은 문제가 없을 듯했다. 그래도 혹시 몰라 회사에서 근무 중인 아내에게 전화를 걸었다.

"나 아파트 사러 왔어."

"무슨 말이야? 바쁘니까 끊어."

"나 분명히 말했다? 아파트 산다고!"

"몰라, 알아서 해."

결혼을 했을 경우 투자를 하거나 이사를 가고자 할 때 보통 부부간의 생각이 일치해야 나중에 문제가 안 생긴다. 돈이나 아이의 학교 문제가 걸려 있기 때문이다.

하지만 아무리 부부라도 언제나 생각이 일치할 순 없는 법. 특히 남편이 투자나 이사를 생각할 때 아내는 그렇지 않거나, 혹은 그 반대의 경우도 많이 발생한다. 그럴 때는 차라리 내 아내처럼 알아서 하라고 하고 신경 쓰지 않아 주는 것이 더 나을 수도 있다.

아무튼 난 부동산에 대해 전혀 알지 못했지만, 실행은 그 누구보다 빨랐기에 너무나도 쉽게 상계동 아파트를 내 손에 쥘 수 있었다.

제주도 아파트 두 채를
동시에 투자하다

상계동 아파트 매입을 계기로 나는 본격적으로 부동산 투자에 나서게 되었다. 그다음으로 내 눈을 사로잡은 지역은 제주도였다.

2015년은 제주도에 대한 투자자들의 관심이 한창 뜨거웠던 때였다. 제주도에 5억 원 이상 투자를 하면 한국의 영주권을 얻을 수 있다는 소식에 중국인들의 투자가 줄을 이었다. 그리고 '제주도에서 한 달 살기'가 유행하면서 펜션도 많이 오픈하였고, 이효리를 비롯한 유명 연예인들이 제주도로 내려가 살면서 제주도 투자는 전성기를 맞이했다.

하지만 제주도는 도민이 아닌 외지인의 경우 주택을 매입하기가 만만치 않다. 괜찮은 매물 자체가 잘 공개되지 않을뿐더러, 공개된다고 해도 제주도민끼리 거래를 하는 경우가 다반사이기 때문이다. 또한 제주도민들은 보통 사람들이 많이 이용하는 네이버 부동산(land.naver.

com)에 매물을 올리는 것이 아니라 '오일장(www.jejuall.com)'이라는 온라인 사이트를 통해 주로 거래를 한다. 나는 이것을 알기까지도 꽤나 오랜 시간이 걸렸다.

물론 직접 제주도에 내려가 시장조사도 하고 임장도 하면 좋았겠지만 거리와 비용 등을 감안하면 그것이 쉽지 않았다. 그래서 제주도 내의 매물을 찾을 때는 '오일장' 사이트에 들어가 초품아(초등학교를 품은 아파트)이며, 제주 공항에서 가깝고 교통이 편리한, '제주도의 강남'이라고 불리는 연동과 노형동에 위치한 아파트 중심으로 살펴보았다.

이런 식으로 매물을 막 뒤지던 어느 날 노형동에 있는 저렴한 아파트를 하나 발견하였다. 바로 공인중개사에게 연락을 해서 사진과 동영상을 보내 달라고 해 집의 내부구조를 볼 수 있었다. 집 상태는 보통이었지만, 거실에서 한라산이 보이고 가격도 저렴한 것이 나빠 보이지 않았다. 나는 중개업소에 바로 500만 원을 가계약금으로 보내고, 크리스마스이브에 아내와 함께 내려가 보기로 했다. 그 날짜를 잡은 것은 크리스마스 때 제주도 호텔에서 휴가를 보낸 후에 서울로 올라오기 전 계약을 하려고 마음먹었기 때문이다.

급하면 진다

크리스마스이브가 되었다. 이른 시간에 출발하는 비행기라 새벽부터 일어나 분주하게 제주도 갈 준비를 하고 공항으로 이동해 비행기에 올랐다. 오랜만에 와 본 제주도는 역시나 서울과는 공기도 다르고, 야자나무들을 보니 동남아에 온 것 같은 느낌도 들어 기분이 좋았다.

휴가는 나중에 즐기기로 하고, 렌터카를 빌려 공인중개사와 함께 곧장 해당 매물이 있는 노형동으로 이동했다. 이미 계약을 하겠다고 생각하고 있었으나 혹시나 하는 마음에 내 눈으로 직접 집 상태를 확인해야 안심이 될 것 같았기 때문이다. 역시나 집은 마음에 들었고, 그래서 나는 원래 계획한 것보다 앞서 그 자리에서 바로 계약서에 도장을 찍었다.

그러고 나서 이왕 간 김에 같은 단지 안에 다른 아파트들도 소개받아 둘러보게 되었는데, 그중 꼭 마음에 드는 집이 또 있었다. 앞서 매입한 집보다 한라산 조망이 더 좋았기 때문이다. 제주도에서 바다 뷰도 좋지만, 한라산 조망이 잘 나오는 집은 프리미엄이 붙는다. 그런 의미에서 돈을 조금 더 주더라도 그 집을 반드시 매입하고 싶었다.

하지만 '급하면 진다'고 하지 않았는가. 난 급하게 계약할 이유가 없었다. 먼저 계약한 첫 번째 집보다 2,000만 원이나 비싼 가격에 나와 있었기에 난 공인중개사에게 복비를 두 배로 줄 테니 1,000만 원 깎자는 제안을 했다.

이렇게 가격 협상 제안을 해 두고는 크리스마스를 즐기기 위해 서귀포에 있는 하얏트 호텔로 이동했다. 그리고 기분 좋게 짐을 풀고 있는데 전화가 왔다. 오전에 만났던 공인중개사였다. 본능적으로 '가격을 깎았구나' 감지했다.

그리고 크리스마스 다음 날 서울로 올라가는 길에 부동산 중개업소에 다시 들렀다. 결국 이렇게 해서 난 원래 제시한 가격보다 1,000만 원 깎아서 두 번째 집도 매입할 수 있었다.

- 제주도 노형동의 첫 번째 B 아파트 : 매매 2억 6,000만 원, 전세 1억 8,000만 원
- 제주도 노형동의 두 번째 B 아파트 : 매매 2억 7,000만 원, 전세 1억 8,000만 원

제주도에서 예상치 못하게 아파트 2채를 매입하게 되면서 내 마이너스통장뿐 아니라 아내의 마이너스통장까지 활용할 수밖에 없었다. 그렇지만 이렇게 한 데에는 나름 확신이 있었기 때문이다. 당시 제주도의 집들은 사면 오르는 지금의 서울과도 같은 상태였던 것이다. 그리고 실제로 그 집을 매입하고 나서 4개월 만에 매매가가 3억 원을 넘어섰다.

'역시 나의 감은 틀리지 않았구나. 지금이라도 들어가길 잘했어!'라는 자만심이 들면서 어깨가 한껏 올라갔다. 하지만 그것도 잠시. 당시에 난 아직 상황을 멀리까지 내다보지 못하는 투자 초짜에 불과했다.

파도는 전혀 예상치 못했던 곳으로부터 오고 있었다. 불과 몇 개월도 지나지 않아 한반도 사드(THAAD) 배치와 관련해 한중 관계가 최악으로 치닫기 시작했고, 이로 인해 중국인들의 한국 방문 발길이 뚝 끊겼던 것이다. 당연히 중국인들의 제주도에 대한 투자 열기 역시 줄어들었고, 제주도 아파트 가격이 거품이었다는 것을 보여 주기라도 하듯 매매가가 급속도로 빠지기 시작했다. 급기야 제주도 아파트는 매도 자

체가 되지 않는 그런 상태가 되어 버렸다.

지금 와서 돌이켜보면 참 아쉬운 투자였다. 임대사업자로 등록을 해서 2채 모두 장기로 묵혀 둘 것이라고 자위했지만, 마이너스통장까지 끌어당겨서 만든 그 돈을 가지고 만약 제주도가 아닌 서울에서 1~2채 샀더라면 훨씬 더 큰 수익을 올릴 수 있었을 것이다.

다만 시간이 지나면서 제주도에 다시 관광객이 늘어났고, 투자 붐은 아니지만 '은퇴 후에 제주도에 살아 볼까' 하고 생각하는 사람들이 있었다. 결국 나는 2채 모두 매입한 지 2년 만에 매도를 하게 되었고, 다행히도 매입했던 가격과 거의 동일한 가격에 매도를 할 수 있었다. 대신에 2채 모두 단기임대주택으로 등록을 해 두었기 때문에 과태료 800만 원씩(선납으로 20% 할인받음) 총 1,600만 원을 내야만 했다. 복비와 기타 비용 등을 고려한다면 1채당 1,500만 원 이상씩은 손해를 본 셈이었다.

1만 퍼센트의 수익률을 올리다

2015년도 말 제주도에 2채를 투자하게 되면서 보유 중인 아파트는 자가인 옥수동 H 아파트를 포함하여 어느새 4채로 늘어났다. 불과 몇 개월 만에 벌어진 일이었다.

부동산 투자 시 중요한 4가지

부동산 투자를 하면서 중요하다고 생각되는 4가지를 순서대로 나열하면 실행력, 세금 공부, 대출 확인, 투자처라 할 수 있다. 일단 나온 매물에 대해 정말 열심히 공부했다 하더라도 실행을 안 하면 아무런 소용이 없다. 그리고 부동산은 절세를 하느냐 못하느냐에 따라서 수익이 엄청나게 차이 나기 때문에, 실행을 했어도 절세하지 않았다면 이 또한 투자를 안 하느니만 못한 꼴이 된다. 절세도 생각하고 투자를 하려 했지만 대출이 나오지 않는다면 상황에 따라서는 계약 자체가 성립하기 어려우므로 이 또한 중요하다.

마지막으로는 투자처이다. 어디에 투자할 것인지를 가장 우선적으로 생각하는 사람들도 있지만, 나는 '서울'이라는 타이틀을 달고 있는 곳이라면 사실 어디를 매입할 것인지는 그렇게 중요하지 않다고 생각한다. 물론 1주택자의 경우라면 말이다.

인터넷으로만 봐도 한 주도 빠짐없이 전주 대비 몇 퍼센트가 올랐다느니 어느 지역의 전세가가 몇 퍼센트가 내렸다느니 하는 뉴스들이 나온다. 이 내용들은 대부분 한국감정원(www.kab.co.kr)이나 KB부동산시세(onland.kbstar.com)의 발표 자료를 언론에서 인용 보도하는 것이다. KB부동산시세나 호갱노노 등의 애플리케이션만 잘 활용해도 현재 부동산 시장이 어떤지 훤히 보이는 세상이다. 예전보다 공부할 것이 많지 않다. 더 중요한 것은 실천일 뿐.

부동산 투자서들을 탐독하다

2015~2016년도에는 매매가와 전세가의 차이가 수천만 원에 불과한 서울 아파트들이 다소 있었다. 소위 말하는 갭(Gap) 투자가 가능했던 시기였다. 난 많은 부동산 투자서들을 읽어 가면서 갭 투자 방법에

대해 공부하였다.

지금은 '갭 투자'라는 용어가 사람들에게 널리 알려져 있고, 그걸 이용해 아파트를 사면 시세 상승기에는 훨씬 이득이라는 것을 아는 사람들도 많지만, 당시에는 용어도 생소했고 아파트 가격도 크게 오르지 않는 그런 상황이었다. 그렇지만 난 부동산 책들을 읽어 나가면서 갭 투자의 단순한 곱셈의 법칙에, '나도 부자가 될 수 있겠다'는 생각이 들어 가슴이 설레었다.

'2채를 사서 각각 5,000만 원이 오른다면 총 1억 원을 버는 것이고, 4채를 샀다면 2억 원을 버는 것이다. 그렇다면 만약 10채를 산다면 5억 원을 버는 것. 책을 읽어 보면 수십에서 수백 채의 아파트를 샀다는 사람들이 있는데, 그럼 이 사람들은 도대체 얼마나 벌었을까?'

부동산 투자서들을 읽기 전까지는 '부자란 나와 전혀 다른 부류, 내가 죽었다 다시 살아난다 해도 결코 될 수 없는 부류의 사람. 더군다나 수십억, 수백억 원을 가진 자산가는 만나기조차 어려운 사람'이라는 생각이 내 머릿속을 지배했다. 하지만 이런 책들을 읽어 나가면서 '나도 어쩌면 10억 원의 자산은 가져볼 수 있지 않을까? 그럼 경제적 자유가 이루어지지 않을까?' 하는 생각이 막연히 들기 시작했다. 그러면서 아파트를 더 많이 사고 싶고, 갖고 싶다는 욕심이 생겼다.

당시에 난 회사 업무 때문에 중국 출장을 3주씩 장기로 다녀오곤 했는데, 주말에 출근을 안 할 때면 호텔 라운지에 앉아 부동산 투자 관련 책들을 읽었다. 그러면서 책에서 알려 주는 방법대로 컴퓨터를 이용해 소위 '손품'(직접 현장에 가서 매물을 확인하는 것을 발품, 인터넷 검색으로 매물을 확인하는 것을 손품이라고 한다)을 팔면서 어디를 살까 나름 고민해 보기도 했다.

부동산은 알면 알수록 재밌었고, 퇴사 이후에 내 미래를 미리 준비하고 있다는 생각이 들어 더욱더 부동산 관련 책들을 열심히 탐독할 수 있었다. 특히 임대사업자제도에 장점이 많다는 것에 공감하여 임대사업자로 등록하였고, 세금의 중요성을 깨닫고는 부동산 세금 관련 책들도 차근차근 공부했다.

아파트 4채까지 무식하게 늘렸던 것이 소위 '무대뽀' 투자였다면, 이제는 차트를 보면서 어느 지역의 매매가는 얼마고, 전세가는 얼마인지, 그리고 실투자금은 어느 정도가 필요한지 등을 파악하면서 투자할 곳을 생각하게 되었다.

시세가 올라가면 대출을 더 받을 수 있다

그런데 문제는 돈이 없다는 것이었다. 어디에서 빌릴 곳도 없었고, 마이너스통장 한도도 얼마 남지 않은 상황이었다. 그러다가 샤워를 하는 도중에 문득 '지금 살고 있는 옥수동 아파트의 시세가 오르지 않았을까?' 하는 생각이 들었다. 시세가 올랐다면, 대출을 더 받을 수 있지 않을까.

그래서 난 한국으로 돌아온 다음 날 바로 은행에 가서 추가 대출을 문의했다. 이야호! 역시나 내 예상대로 아파트 가격이 올랐기 때문에 현재 거주하는 아파트를 담보로 추가 대출을 받을 수가 있었다.

지금은 대출이 많이 막혀 있는 상태이지만, 생각해 보면 '아파트 시세가 올라가면 대출을 더 받을 수 있다'는 것은 너무나도 당연한 사실이었다. 하지만 당시에는 주변에 물어볼 사람도 없었고, 갭 투자가 그렇게 활성화되어 있는 시기도 아니었다.

난 은행에서 대출 상담을 마치자마자, 손품으로 알아본 양천구 신정동에 있는 S 아파트 매물을 보러 갔다.

대출받을 수 있는 돈으로 아파트를 매입하기에는 그 신정동의 S 아파트가 가장 적합했기 때문이다. 당연히 매매가와 전세가의 갭이 적게 붙어 있는 아파트였다. 매매가는 대략 2억 4,000만 원에서 2억 6,000만 원 사이였고, 전세가는 2억 원에서 2억 1,000만 원 정도였다.

신정동은 학군 좋기로 유명한 목동과 대로를 하나 사이에 두고 마주보고 있는 동네이다. 그래서 '신정동'이라는 이름보다는 별칭인 '신목동'으로 불리곤 하는데, 신목동이 동네 가치를 훨씬 더 올릴 것 같다는 것은 누구나 생각할 수 있을 것이다.

그런데 당시 신정동은 목동 아파트에 비해 가격이 엄청 저렴했다. 물론 지하철역과의 거리가 목동보다 멀어서 버스를 타고 지하철역까지 이동해야 하고, 지하철역을 가려면 대로를 건너야 하며, 약간 경사져서 언덕이 있다는 점 등은 불편한 요소가 맞았으나, 이 정도 이유만으로 수억 원 이상 차이가 난다는 것이 당시 내 머리로는 이해가 가지 않았다. 그래서 막연히 '언젠가는 여기도 목동 가격을 따라가겠지' 생각하고 신정동 S 아파트를 보러 갔던 것이다.

여러 매물들을 보고 나서 올수리(싱크대, 새시, 도배, 장판, 페인트, 화장실 등을 전부 수리)가 되어 있어 가장 깨끗하고 신혼부부가 입주 예정인 곳을 매입하기로 결정했다. 당시 소규모로 임대업을 운영하던 법인이 해당 물건을 소유하고 있었는데, 정말 수년간 가격 변동이 없었고, 거기에다 경기마저 악화되자 물건을 매도한다고 했다. 법인의 부동산 담당자와 협의하여 2억 3,000만 원에 아파트를 매수하고, 전세는 2억 1,000만 원에 신규로 맞추기로 했다. 그래서 투자금은 아파트 구입에 들어간 2,000만 원과 복비, 취득세 등을 합해 총 2,500만 원 정도가 전부였다.

2021년 3월 현재 이 S 아파트의 평균 매매가는 6억 2,000만 원이다. 기존 임차인이 2억 1,000만 원에 거주하다가 이사를 갔고, 지금은 2억 2,000만 원에 임대를 주고 있다.

주택담보대출을 통해 2,500만 원을 대략 3%의 이자로 빌렸고 현재 5년쯤 되었으니 2,500만 원×0.03%×5년 해서 375만 원을 투자했는데, 3억 9,000만 원이 상승한 것이다. 수익률로 따지면 자그마치 1만 퍼센트가 넘는다.

그런데 S 아파트와 관련한 에피소드를 하나 말하자면, 당시 부동산 중개업소의 사장님이 나를 보고 젊은 나이에 투자를 하는 것이 대견하다며 이런 조언(?)을 해 주셨다.

"여기에 1채 정도는 사 둬도 좋은데, 2채 사는 것은 나시 생각해 봐요. 다른 지역은 다 오르지만 여기는 안 오르니까."

당시에는 '아무려면 공인중개사가 나보다는 더 잘 알겠지' 하는 막

연한 생각으로 그 이야기를 받아들였는데, 지금은 땅을 치며 후회하고 있다.

정말 쉬운 갭 투자의 비밀

"양도세 내고 나면 실제로 손에 떨어지는 돈은 얼마 없지 않나요?" 누군가 이렇게 물어볼 수도 있다. 틀린 말은 아니다. 하지만 그들은 생각하지 못한다. 팔지 않는 것이 진정한 고수의 기술이라는 것을.

통계조사가 실시된 1980년대 이후 아파트 가격이 떨어진 적이 딱 두 번 있었는데, 바로 1997년 IMF 경제위기와 2008년 글로벌 금융위기 때였다. 물론 그것도 2~3년 안에 해결되는 이슈였다. 1980년대에 아파트 가격이 얼마였고, 지금은 얼마인가? 그 당시에 아파트를 가지고만 있었다면, 지금 어떤 상황이 되었겠는가? 2~3년 사이에 단기적으로 아파트 가격이 내릴 수는 있다. 하지만 추세적으로 본다면 화폐 가치의 하락이든 자산 가치의 상승이든 간에 아파트 가격은 무조건 우상향하게 되어 있다.

단기적으로 아파트 가격이 내릴 수 있지만, 장기적으로는 우상향한다는 것이 사실이라면 지금 가장 중요하게 생각해야 할 것은 무엇일까? 그건 바로 '내가 지금 아파트를 사서 오랫동안 가지고 있을 수 있는가?' 하는 것이다. 난 그것이 부동산 투자에서 가장 중요하다고 믿는다. 대신에 큰돈이 들어가는 재건축이나 재개발보다는 일반 아파트를 권장한다. 물론 재건축, 재개발 아파트가 한 번 터지면 수억 원을 벌수도 있겠지만, 반드시 그 지역이 개발된다는 보장이 없다. 더군다나 기간도 너무 오래 걸린다. 보통 그렇게 큰돈을 오랫동안 기다리면서 묵혀 둘 수 있는 갭 투자자는 많지 않다. 그래서 차라리 소액으로 사두고 잊을 수 있는 아파트들 위주로 투자를 권유하는 편이다.

그럼 갭 투자를 할 때 유의할 것은 없을까? 정말로 잊고 지내면 되는 것인가?

신정동 S 아파트를 10채를 샀다고 가정해 보자. 매매가가 약 4억 원 가까이 올랐으니 10채를 샀으면 40억 원의 자산이 더 늘어난 셈이다. 하지만 전세가가 2,000만 원, 3,000만 원씩 하락하게 되면 10채니까 계약이 갱신되는 2년 후에는 2억 원, 3억 원의 돈을 내줘야 할 수도 있다.

따라서 이런 투자를 할 때에는 전세가의 상승이 예상되는지 아니면 하락이 예상되는지를 명확히 따져 볼 필요가 있다.

2020년 7월 31일부터 계약갱신청구권과 전월세상한제를 핵심으로 한 「주택임대차보호법」이 시행되고 난 이후 전세가가 엄청나게 올랐다. 그런데 매매가는 더 많이 올랐다. 그러다 보니 소액으로 투자하려는 많은 갭 투자자들이 좌절하고 있다. 하지만 누군가에게는 오히려 지금이 엄청난 기회일 수 있다. 나 같이 아직까지 낮은 전세가에 머물러 있는 아파트들을 찾아다니는 갭 투자자들 말이다.

A 아파트와 B 아파트 모두 시세가 같은 5억 원이라고 해 보자. A 아파트에는 전세가 3억 원에 세입자가 들어와 있고, B 아파트에는 3억

5,000만 원에 세입자가 살고 있다면 어떤 아파트를 매수하는 것이 더 유리할까? A 아파트를 매입하기 위해서는 2억 원의 자금이, B 아파트를 매입하기 위해서는 1억 5,000만 원의 자금이 필요하다. 따라서 다른 요소를 제외하면, 보통 갭 투자자 입장에서는 B 아파트를 매입하는 것을 더 선호할 것이다.

그런데 지금과 같이 전세 매물이 부족하다 보면 기존 임차인들도 이사 가기가 어렵게 된다. 즉 현재 살고 있는 아파트에 계속 머물 가능성이 높다는 뜻이다. 그렇게 되면 전세 매물은 더욱더 부족해진다. 누군가는 아파트를 매수하고, 누군가는 결혼을 하거나 서울 유학을 위해 이사를 와야 하기 때문이다. 이렇게 매물이 부족한 상태에서 시장에 풀린 전세 매물의 가격은 엄청나게 치솟게 된다. 결국엔 이런 전세 매물이 다른 아파트의 전세 가격까지도 끌어올린다.

그래서 이처럼 전세 가격이 오르게 되어 있다면 전세가 3억 원인 A 아파트를 매수하는 것이 더 좋은 방법일 수도 있다. 갭 투자의 가장 큰 리스크는 전세 가격 하락인데, 내가 매수하려는 아파트의 전세 가격은 이미 다른 아파트들에 비해 가격이 낮기 때문에 더 낮아질 가능성이 거의 없기 때문이다. 그런 데다 투자금이 조금 더 들기 때문에 그 아파트를 매수하려는 갭 투자자도 별로 없을 것이다. 그렇게 되면 아파트 가격을 5억이 아닌 4억 9,000만 원이나 4억 8,000만 원까지 깎아서 매수할 수도 있다. 그래서 전세가가 내려갈 이유가 없는 지금이 어쩌면 갭 투자의 적기일지도 모른다.

그렇게 해서 난 순식간에 총 5채의 아파트를 보유하게 되었다. 서울 아파트 3채, 제주도 아파트 2채.

갭 투자에 성공하다

2016년에는 다른 구들에 비해 중랑구에 갭이 적은 아파트들이 유독 많았다. 갭이 적다는 의미는 매매가는 낮은데, 전세가가 높다는 의미이다. 매매가가 낮은 것은 아직 인프라가 부족하거나 투자 매력이 떨어져서 구매를 해도 가격이 오르지 않는다고 생각해 매입 수요가 많지 않음을 뜻하고, 전세가가 높은 것은 매입은 하고 싶지 않지만 이런저런 이유로 거주를 하는 사람들이 많이 있다는 것을 뜻한다. 그러므로 전세 가격이 곧 실제 수요라고 볼 수 있다.

그래서 전세 가격 상승은 실수요자가 많아진다는 의미이고, 실수요자가 많아지게 되면 결국에는 매매하려는 수요도 많아지게 되는 경우가 많다. 전세가가 매매가를 밀어 올리는 이런 형태는 자주 나타나므로 전세 가격을 주의 깊게 살펴보면 매매가 추이를 예측할 수가 있다.

매매가는 상대적으로 낮은데, 전세가가 올라가는 이런 형태가 당시 중랑구에서 포착되기 시작했다. 갭이 점점 작아져서 투자금을 많이 들이지 않아도 충분히 투자가 가능했고, 전세가가 상승하니 갭 투자자 최대의 리스크인 전세가 하락도 크게 문제되지 않는다고 판단했다. 결국은 '싸게 사서 오래 쟁여 두는 전략'이 통할 것이라는 확신이 생겼다.

그래서 KB부동산시세에서 발표하는 시계열 자료 등을 통해 중랑구 아파트들의 전세가와 매매가를 다시 한번 확인하고, 조인스랜드부동산(joinsland.joins.com)을 통해 갭이 적은 아파트들을 추려 냈다. 그리고 그중에서 아래와 같이 내가 세운 원칙에 부합하는 아파트들을 다시 골랐다(요즘은 각종 애플리케이션이 잘 개발되어 있어서 활용만 잘하면 이러한 원칙에 부합하는 아파트들은 아주 쉽게 찾아낼 수 있다).

- 최소 500세대가 넘는가?
- 주변에 학교나 대형마트 등 기본 인프라는 갖추어져 있는가?
- 도보로 지하철역까지 10분 이내로 갈 수 있는가? 혹은 버스로 지하철역까지 가는 것이 불편하지는 않은가?
- 전세가는 지속적으로 상승하고 있는가?
- 최소 금액(2,000만 원에서 3,000만 원)이 투자되는가?

그렇게 고른 아파트들 중 묵동과 상봉동에서 각각 1채씩 매입했다. 묵동 S 아파트는 매매가 2억 4,000만 원에 전세가 2억 2,000만 원이었고, 상봉동 L 아파트는 2억 9,500만 원에 매입하여 700만 원을 추가로 들여 욕실과 싱크대 등을 수리한 후에 전세가 2억 8,000만 원에 세입자를 받았다. 그래서 이 두 집을 매입하는 데 실제 들어간 돈은 1채당 복비와 취등록세 등을 포함하여 2,500만 원 정도였다.

그럼 신정동 아파트를 포함, 중랑구 아파트들의 지금 시세는 얼마나 될까?

〈매입 아파트의 시세 변화와 실투자금〉

* 2021년 3월 기준

구분	매입가	매입 시 전세가	상승 금액	시세	실투자금	수익률
신정동 S 아파트	2억 3,000만 원	2억 1,000만 원	3억 9,000만 원	6억 2,000만 원	약 2,500만 원	1560%
묵동 S 아파트	2억 4,000만원	2억 2,000만 원	2억 6,800만 원	5억 800만 원	약 2,500만 원	960%
상봉동 L 아파트	2억 9,500만원	2억 8,000만 원	3억 5,500만 원	6억 5,000만 원	약 2,500만 원	1220%

이처럼 투자하기 좋았던 시절이었지만, 확신을 갖지 못했던 대다수의 사람들은 투자에 뛰어들지 못했다.

친한 지인 20명에게 2,000만~4,000만 원 정도의 소액으로 투자할 수 있는 아파트 리스트를 약 30여 곳 추려서 추천해 준 적이 있었는데, 내 말을 듣고 투자를 실행한 사람은 단 2명에 불과했다(그 2명은 그때의 투자 조언에 대해 지금도 고마워하고 있다).

나는 결코 어렵게 투자하지 않았다. 단지 앞서 말한 내가 정한 원칙에 부합하는 아파트들만 골라 담았을 뿐이다. 즉 투자금이 적게 들어가고, 단지가 크며, 지하철역에서 가까운 서울의 아파트. 이 정도였다.

물론 지금은 조건이 좀 다르다. 서울 아파트라면 지역을 불문하고 어디에 투자해도 좋다는 뜻이다. 이미 그런 상태가 현 정부의 부동산 정책으로 인해 만들어져 버렸기 때문이다. 그래서 지금과 같은 슈퍼사이클의 장에서는, 그냥 서울에서 본인이 살고 싶은 곳의 가장 비싼 아파트를 사면 된다. 그런 곳들이 대체적으로 상승률이 가장 좋기 때문이다.

해외에서도 아파트 가격을 깎다

앞서 이야기한 대로 난 당시 회사에서의 담당 업무가 해외 출장 전담이라고 할 만큼 출장이 잦았다. 해외에 장기간 있다 보니 일하지 않는 주말에는 많은 시간을 확보할 수 있었다. 그래서 출장을 갈 때마다 부동산 책 3~5권씩을 들고 가서는 그 책들을 주말마다 읽었고, 한국으로 돌아오면 다시 신간을 구입해서 출장을 갔을 때 읽곤 했다.

그러면서 그 사이에 꾸준히 손품을 팔아 매물 검색도 하면서 계속해서 아파트 투자를 통해 자산을 더 불려 나갈 수 있는 방법을 생각했다.

예를 들자면 살고 있는 아파트 시세가 올랐으니 대출금이 더 나오리라는 생각, 이미 많은 주택을 가지고 있으니 아내와 내 청약통장을 모두 해지하고 그걸로 돈을 모아 1채를 더 매입하자는 생각, 그리고 아이들을 낳기 전이라서 종신보험(죽어야 나오는 보험)을 해지하여 돈을 더 만들자는 생각. 난 이런 생각들을 모두 실천에 옮겨서 돈을 만들었고, 그걸로 투자할 수 있는 아파트를 늘려 나갔다.

요즈음은 인터넷이 워낙 발달해 있어서 해외에서도 매물을 검색하는 데 전혀 불편함이 없다. 그래서 언젠가 한번은 해외 출장을 나가 일이 없는 토요일에 커피숍에 앉아서 평소 봐 오던 동네의 매물을 검색하고 있다가 저렴한 매물이 나와 있는 것을 발견한 적도 있었다.

답십리 쪽에 있는 D 아파트였는데, 당시 매매가는 3억 2,000만 원이었고, 전세가는 2억 8,000만 원이었다. 바로 부동산 중개업소에 연락을 취했다. 매물을 사진과 동영상으로 촬영해서 보내 달라고 했더니, 공인중개사는 다른 사람과 방문할 예정인데 방문 시에 세입자에게 물어보고 연락을 주겠다고 하였다. 그러고는 다음 날인 일요일에 공인중개사한테서 연락이 왔다.

"세입자가 도와줘서 사진과 동영상을 찍었어요."

공인중개사가 보내 준 사진과 동영상을 확인해 보니 집 상태는 보통이었지만, 가격 대비 투자하기에 나빠 보이지 않았다. 하지만 매물은 이곳이 아니어도 많기 때문에 난 급할 게 없었다. 그래서 이번에도 공인중개사에게 '가격 깎기' 딜을 걸었다.

"사장님, 사진으로 보니까 집 상태는 그냥 보통이네요. 그래서 3억 2,000만 원으로는 계약이 어려울 거 같고요. 대신에 1,000만 원 깎아서 3억 1,000만 원에 맞춰 주시면 바로 가계약금 넣을게요. 그리고 사장님께는 복비를 두 배 드리겠습니다! 확인 후 연락 주세요."

공인중개사는 지금도 싼 가격이라 1,000만 원 깎는 것은 안 될 것

같다고 했지만, 어쨌든 우리는 그렇게 전화 통화를 마쳤다.

　그러고 나서 난 헬스장으로 향했다. 아파트를 매수할 때 정말 급한 게 아니라면 약간의 여유를 가지는 것이 좋다. 그래야 협상 시에 유리한 위치를 차지할 수 있다.

　한 시간 넘게 운동을 하고 있는데, 다시 카톡으로 연락이 왔다. 그리고 내 제안대로 3억 1,000만 원에 아파트 계약이 성사되었다. 이 매물은 약 1년 뒤에 8,000만 원 오른 3억 9,000만 원에 매도하였는데, 뒤에서 이야기할 한강변 S 아파트로 이사를 가기 위해 당시 돈이 필요한 때라서 임대사업자 과태료를 물고 그렇게 한 것이었다.

　시세 차익은 크지 않았지만, 아파트 가격 깎는 것이 생각보다 쉽다는 자신감을 갖게 해 주었던 매물임과 동시에 인터넷이 발달한 요즈음은 해외에서도 아무런 제약 없이 매물을 구할 수 있다는 것을 알게 해 준 고마운 아파트였다.

일시적 1가구 2주택자가 되다

2015년 말부터 본격적으로 아파트 투자를 시작하면서 여러 채를 매입했는데, 자가인 옥수동 H 아파트를 제외하고 매입한 아파트들 모두임대주택으로 등록했다. 아파트 매도 시 1주택으로 인정받기 위해 취한 조치였다. 당시에는 장단기 임대주택으로 등록을 하면 그 주택들은주택 수에서 제외시켜 주며, 1주택으로 인정될 경우에는 공시지가 9억원 이하까지 양도세 비과세 혜택을 받을 수 있었다. 그래서 나는 결과적으로 2017년까지 주택을 여러 채 보유하고 있었지만, 1주택 양도세비과세 혜택이 가능한 상태였다. 이런 것들은 부동산 관련 책들을 보면서 익힌 내용들이었다.

2014년 4억 3,500만 원에 첫 집으로 매입한 옥수동 H 아파트는2017년 7월쯤에는 대략 2억 5,000만 원 정도 올라서 6억 8,000만 원

이 되었다. 그리고 경사가 겹쳐 그해에 아내가 쌍둥이를 임신했다.

H 아파트는 지하철역에서 가깝고 여러모로 살기에 편했지만 지나치게 언덕에 위치해 있었다. 아기가 한 명이었다면, 이미 다주택인 상황에서 대출을 많이 받았기 때문에 그 정도의 불편함은 감수했겠지만, 아기는 쌍둥이였다. 언덕을 쉽게 올라가는 전기 유모차도 생각을 해 봤지만, 쌍둥이 전기 유모차는 찾을 수가 없었다. 아파트 단지 또한 크지 않아서 단지 안에서만 다니기에도 애매했다. 그리고 한강을 가고 싶은데, 집 앞이어도 쌍둥이 유모차를 밀고 올라오는 것은 만만치 않아 보였다.

이런 이유들로 결국 이사를 생각했다. 다만 아내 직장과 내 직장 등을 고려해서 옥수동에 자리를 잡은 만큼 멀리 이사 가고 싶지는 않았다. 그래서 옥수역에서 가깝고 가격대가 맞는 아파트, 그리고 나름 연식이 덜된 아파트를 찾기 시작했다. 그렇게 해서 찾은 아파트가 바로 한강변 S 아파트이다.

한강변 아파트 매입

한강변 S 아파트는 옥수역까지 도보로 6~8분이면 도착하고, 게다가 옥수동에서 흔하지 않은 평지 아파트였다. 그리고 내가 좋아하는 한강으로 연결되는 나들목이 아파트 바로 앞에 있었다. 또한 직접 S 아파트를 가 보니 생각보다 단지 관리가 잘 되어 있었고, 특히 아파트 조경이 대단히 마음에 들었다. 문제는 가격이었다.

당시는 살고 있던 옥수동 H 아파트뿐만 아니라 이 일대의 아파트들 전체가 들썩이고 있던 때였다. 아니 이 일대만 들썩였던 게 아니라 서울 전체가 들썩이고 있었다. 물론 강남을 필두로 해서 어느 아파트가 먼저 오르고 어느 아파트가 나중에 오르고 하는 차이가 있긴 했지만. 이럴 때에는 본인이 거주하기에 좋은 곳이라면, 서울 어디를 사도 괜찮다.

새로운 집을 매입하려면 지금 살고 있는 집을 팔고, 이사를 가고, 그 사이에 기존 세입자를 내보내고, 즉 잔금을 치르고, 인테리어도 해야 하니 생각보다 많은 돈이 일시적으로 필요하겠다는 판단이 들었다.

비싼 매물들만 올라와 있던 어느 날 밤. 자려고 누웠다가 혹시나 하는 마음에 네이버 부동산에서 한강변 S 아파트를 검색해 봤다. 6억 9,000만 원! 다른 매물들보다 수천만 원 이상 저렴한 매물이 나온 것이었다. 심장이 뛰기 시작했다. 매입할 때마다 느끼는 이 설렘과 흥분! 밤 10시 30분이 넘은 늦은 시간이었지만, 나는 바로 해당 매물을 올려놓은 공인중개사에게 문자를 보냈다.

'사장님, 밤늦게 죄송합니다. 한강변 S 아파트 ○○동 6억 9,000만 원에 올라와 있는 매물이 있던데요. 혹시 거래되었나요?'

절실함은 항상 통한다. 너무 절실하다고 생각해 보라. 지금 상대가 자든지 시간이 늦었든지 간에 그런 것을 가릴 때가 아니다. 미안한 것은 순간이다. 하지만 문자 하나, 전화 한 통이 일으키는 파장은 엄청나다. 전에는 새벽 5시에 매물을 보고 문자를 보내서 매입한 적도 있었다. 물론 알람 문자가 울릴 때마다 계속 확인해 보는 것도 방법이겠지만, 모든 매물을 다 그렇게 하기는 어렵다. 매물을 늦게 봤더라도 그때라도 실행하면 된다.

공인중개사에게 연락한 지 5분도 지나지 않아 거래가 가능하다는 답 문자가 왔다. 난 그 문자를 받자마자 해당 매물을 확인하고 싶어 옷을 챙겨 입으면서 자려고 누워 있는 아내에게 말했다.

"급하게 봐야 하는 물건이 있어서 좀 다녀올게."

임신 중인 아내를 두고 밤늦은 시간에 나갔다 오는 것이 미안했지만, 심장은 계속 두근거렸다. 차에 시동을 켜고 나서 다시 공인중개사에게 문자를 보냈다.

'통화 가능하실까요?'

공인중개사는 바로 전화를 줬다. 난 S 아파트로 차를 몰고 가면서 해당 아파트 매물에 대해 궁금한 것들을 물어보았고, 도착해서는 단지를 한 바퀴 돌면서 관찰했다. 특히나 해당 매물이 있는 동과 층을 좀 더 유심히 살펴보았다. 비록 직접 집에 들어가 보지는 못했지만, 반드시 사야겠다는 확신이 들었다. 공인중개사에게 계좌번호를 알려 주면 바로 가계약금을 넣겠다고 말하자, 그는 집주인이 외국에 있어서 연락이 되는 대로 알려 주겠다고 했다.

나중에 들은 바로는 나보다 먼저 낮에 집을 보긴 했지만, 하루가 지나서야 계좌번호를 알려 달라고 한 사람이 있었는가 하면, 또 내가 가계약금을 넣은 금액의 두 배 이상을 주고 S 아파트를 매입하겠다고 한 사람도 있었다고 했다. 하지만 공인중개사가 중개의 상도의를 지켜 주어 다행히 이 매물을 내가 매입할 수 있었다.

- 한강변 S 아파트 : 매입가 6억 9,000만 원 – 전세가 5억 4,000만 원 = 실투자금 1억 5,000만 원

해당 아파트에는 당시 세입자가 살고 있었고, 계약 기간도 1년이나 남은 상태였다. 나는 1억 5,000만 원을 투자하여 아파트를 매입하고, 세입자 계약 기간이 만료되는 1년 후에 입주할 계획을 세웠다.

난 대출을 많이 받은 상태였기 때문에 그러려면 실투자금 1억 5,000만 원이 필요했다. 그래서 일단 아내와 내 마이너스통장을 활용했고, 답십리 쪽에 매입해 두었던 아파트도 처분하기로 했다. 답십리 D 아파트는 매입 당시 매매가와 전세가 차이가 약 3,000만 원 정도 났는데, 1년 만에 8,000만 원 이상 매매가가 상승한 터였다.

서울 아파트 가격이 상승한다는 소식을 듣고, 지방에서 집도 안 보고 가계약금을 보내 와서 답십리 D 아파트 매매는 무난하게 성사되었다. 물론 임대사업자로 등록되어 있어서 해당 매물을 매도한 후에 800만 원의 과태료를 물기는 했다. 당시에는 임대사업자가 임대등록된 주택을 매도하게 되면 과태료가 1,000만 원이었지만, 정해진 기한 내에 신고하면 20% 할인된 금액을 납부하면 되었다(지금은 과태료가 3,000만 원으로 상향되었다).

이렇게 해서 난 한강변 S 아파트와 옥수동 H 아파트를 동시에 보유하게 되었고, 2년 동안은 팔지 않아도 1주택으로 인정해 주는 일시적 1가구 2주택 혜택까지 받게 되었다. 그럼 그 후에 그 두 아파트들의 시세가 얼마나 올랐는지 보자.

〈매입 아파트의 시세 변화〉

구분	투자금	2017년 7월 시세	2018년 8월 기준	1년간 상승 금액
옥수동 H 아파트	4억 3,500만 원	6억 8,000만 원	8억 3,000만 원 매도	1억 5,000만 원
한강변 S 아파트	1억 5,000만 원	6억 9,000만 원	10억 5,000만 원 시세	3억 6,000만 원

한강변 S 아파트를 저렴하게 산 것이 자산 상승에 큰 도움이 되었지만, 그것보다 일시적으로 2채의 아파트를 모두 소유하면서 옥수동 H 아파트를 비과세 받은 것이 더 중요한 포인트였다. 실거래가 기준 9억 원까지 자산을 불리기에 가장 좋은 방법이 아닐까 생각한다.

2021년 4월 현재 한강변 S 아파트는 가격이 더 올라서 15억 원을 넘어섰고, 한강 조망이 나오는 층은 17억 원이 넘는 가격에 거래가 되고 있다.

강남 아파트 무피 투자에 성공하다

한강변 S 아파트에 투자하면서 그동안 매입했던 아파트들보다 조금 더 돈이 들어갔지만, 마용성(마포·용산·성동구)과 강남권(강남·서초·송파구) 아파트들의 가격 상승세를 분명하게 느낄 수 있었다. 언론에서 자주 다루지 않는 실제 상승 금액은 더 대단해서 7억 하던 강남의 한 아파트는 1년 만에 12억이 되고, 13억 하던 아파트는 20억 원으로 가격이 올라 버렸다.

아파트 가격 상승률의 실체

그런데 뉴스에서 종종 아파트 가격 상승률이 인용 보도되곤 하는데,

이때 나오는 0.1%, 0.2% 하는 미세한 상승률에 가려져서 실제 상승 금액이 잘 보이지 않는 경우가 많다. 예를 들어 내가 사는 아파트 가격이 연간 4% 올랐다고 하면 10억이던 내 아파트가 상승률 4%에 해당하는 4,000만 원이 올랐다는 뜻으로 이해하면 큰일 난다.

뉴스로 보도되는 가격 상승률은 특정 지역, 예를 들어 서울의 수많은 아파트들 중에서 샘플을 뽑아 책정하는 것이다. 쉬운 예로 한 아파트 단지 내에 5억 원 하는 아파트가 총 200채 있다고 해 보자. 그럼 그 단지 아파트의 총 가격은 1,000억(5억×200채)이다. 그중에서 3채가 일주일 후에 5억 5,000만 원에 계약이 체결되었다고 하면 아파트 가격은 실제로 10% 상승한 것이다. 하지만 언론을 통해 보도되는 상승률은 총 아파트 200채의 가격 1,001억 5,000만 원(거래 안 된 아파트 985억 원+거래된 아파트 16억 5,000만 원)으로 산정하여, 즉 1,000억에서 1,001억 5,000만 원으로 상승했다고 계산해 '0.15% 상승했다'고 하는 것이다.

또 다른 예를 들어 보자. 이번에는 10억 원짜리 아파트 1,000세대가 있다고 가정해 보자. 이 아파트들의 총 가격은 1조(10억×1,000세대)이다. 이 아파트들 가운데 3채가 매매가 이루어졌는데, 한 채는 12억, 나머지 두 채는 11억 원에 계약되었다. 그럼 앞에서와 마찬가지로 이제 1,000세대의 아파트 가격은 총 1조 4억 원이 된다. 그리고 처음 1조에서 1조 4억으로 가격이 올랐으니까 상승률은 0.04%가 되는 것이다. 그런데 실제 상승 금액은 어떤가? 11억 원으로 오른 아파트는 10%, 즉 1억, 12억 원으로 오른 아파트는 20%, 즉 2억 오른 것이 된다.

나는 한강변 아파트에 투자하면서 상승률 퍼센트와 호가 그리고 실제 거래된 가격을 유심히 보게 되었는데, 이를 통해 정말 중요한 것은 뉴스에 나오는 상승률 퍼센트가 아니라 실제 올라간 가격이라는 것을 확인할 수 있었다. 실제 매매된 가격이 수억 원 올랐더라도 단지 몇 퍼센트로 표현된다는 것을 알게 되었기 때문이다. 동시에 강남권 아파트에 입성하고 싶다는 열망이 더욱더 강렬해졌다. 한강변 S 아파트 투자를 통해서 실제 상승률이 엄청나다는 것을 느꼈고, 강남권은 더 오른다는 것을 직접 눈으로 보았기 때문이다.

한강변 S 아파트 구입 후 일시적 1가구 2주택을 유지하면서 나는 육아휴직에 들어갔다. 쌍둥이 육아가 만만찮았지만 생각할 시간은 많아졌다. 항상 답은 멀리 있지 않았고, 생각할 시간은 나에게 기회를 만들어 주었다. 혹시 대출을 더 받을 수 있지 않을까?

이미 주택담보대출 등을 활용하고 있었기 때문에 추가 대출은 어려운 상황이었지만, 문제를 해결하기 위해 끊임없이 고민하다 보면 답은 찾게 된다는 진리를 새삼 확인하게 되었다.

당시에는 임대사업자대출, 매매사업자대출 등이 있었다. 말 그대로 임대사업 혹은 매매사업을 하기 위해 필요한 돈을 은행에서 합법적으로 대출받는 것이다. '내가 어차피 임대사업자이니 임대사업자대출이 되지 않을까?' 은행에 몇 차례 문의를 하고 직접 방문해서 상담도 받아보니 그것이 가능하다는 것을 알게 되었다. 그럼 이제 강남권 문을 두드려 볼까.

강남 아파트 입성

매번 같은 반복이다. 강남권 아파트 가격이 먼저 튀어 오르고, 마용성이 튀고, 그 영향으로 서울 다른 지역들의 집값이 오르기 시작하면 정부에서 부동산 대책을 발표한다. 그리고 정부의 대책이 나오면 시장은 최소 2개월에서 최장 8개월까지 냉각기를 가지다가 다시 미친 듯이 강남권부터 가격이 튀어 오른다.

강남권 아파트를 매입하려고 생각했던 2018년 중반은 정부의 강력한 부동산 정책으로 인해 시장이 약보합 상태였고, 그러다가 다시 아파트 가격이 튀어 오를 조짐을 보이던 초입이었다. 어차피 나는 한강변 S 아파트로 이사하려면 옥수동 H 아파트를 매물로 내놓아야 했다. 아직 재건축 이야기가 나오지도 않은 옥수동의 다른 아파트들을 사려고 오는 사람들이 생각보다 많았기에, 금방 팔릴 터였다. 나는 '지금 강남권 아파트를 사야겠다'는 생각을 굳혔다.

그래서 나는 옥수동 H 아파트를 매도한다고 부동산 중개업소에 알림과 동시에 강남 아파트를 사러 돌아다녔다. 주말에 어머니와 여동생에게 쌍둥이를 맡기고 처음으로 아내와 둘이서 6시간 동안 외출을 해서 예약해 둔 반포, 도곡 등지의 매물을 보고, 아내의 생각도 들었다. 그러고는 최종적으로 평소 관심 있게 지켜봤던 강남 D 아파트를 매입해야겠다고 결정했다. 해당 D 아파트는 몇 가지 타입이 있었는데, 그 중에서 가장 잘 빠진 타입은 그때까지 매물로 나와 있지 않아서 기다려야만 했다. 그러다가 그날 밤에 중개업소 한 군데에서 내가 원하던 타입이 방금 전에 나왔다는 연락을 받았다. 집주인이 다른 아파트를 보러 갔다가 바로 계약하는 바람에 급하게 내놓은 매물이라고 했다. 가격도 다른 매물보다 저렴했다. 다음 날이 일요일이었지만 반드시 다시 한번 매물을 봐야만 했다. 강남 입성을 위해서.

이번에는 장모님과 아내에게 아이들을 맡겨 놓고 혼자 다시 D 아파트로 갔다. 예상대로 타입도 마음에 들었고, 집 상태, 층, 향(向) 모두 만족스러웠다. 그런데 내가 계약을 하자고 하니 집주인이 우물쭈물하다가 갑자기 새로운 가격을 제시하는 게 아닌가. 19억 1,000만 원에서 순식간에 19억 5,000만 원으로 올려 버렸는데, 다행히도 중간에서 공인중개사가 잘 조율해 줘서 19억 3,000만 원으로 거래를 마무리할 수 있었다. 현장에서는 원래 내놓은 가격보다 수천만 원씩 올리는 이런 경우가 자주 발생한다. 그럴 때는 기분 나쁘다고 포기하지 말고 매도인과 잘 협상해서 주는 금액을 최소화하여 거래를 완료하는 게 좋다. 고르고 골라서 사는 집일 경우 나중에 수억 원씩 오르는 것을 많이 봐왔기 때문이다.

결국 그렇게 강남 아파트를 매입하기로 하고, 매입가 19억 3,000만 원과 복비, 취등록세를 합치니 거의 20억 원의 금액이 필요했다. 그럼 그 돈은 어떻게 마련했을까?

- 옥수 H 아파트 자가 거주 : 시세 8억 3,000만 원, 대출 3억 2,000만 원
- 한강변 S 아파트로 이사 예정 : 현재 세입자 5억 4,000만 원에 거주
- 강남 D 아파트 매입 : 약 20억 원 필요

우선 옥수동 H 아파트를 8억 3,000만 원에 매도하고 나서 3억 2,000만 원의 대출금을 상환했다. 매도 가격이 9억 원 이하였기 때문에 비과세 혜택을 받아 나에게는 이제 5억 1,000만 원이 생겼다. 이 돈과 일부 가지고 있는 돈을 합쳐서 5억 4,000만 원을 주고 한강변 S 아파트 세입자를 내보냈다. 그리고 동시에 내가 S 아파트로 입주하면서 대출을 4억 5,000만 원 받았다.

이 4억 5,000만 원과 더불어 강남 D 아파트를 매입하면서 이 아파트를 담보로 임대사업자대출을 통해 4억 원을 또 대출받았다. 세입자는 11억 원에 있기로 했다.

- 강남 D 아파트 구입 자금 : 한강변 S 아파트 대출 4억 5,000만 원 +
  강남 D 아파트 대출 4억 원 + 세입자 전세금 11억 원 + 기타

거의 대부분이 대출과 전세금으로 이루어진 경우라서 리스크가 좀 크긴 했다. 하지만 이렇게까지 강남권 아파트를 매입하고 싶었던 것은 한번 가격이 상승하면 다른 지역보다 많이 오른다는 것을 알고 있었기 때문이다.

강남 D 아파트에 대출이 4억 원 있는데 세입자가 들어왔는지 궁금할 터인데, 보증보험이 있기 때문에 문제없었다. 11억 원 전세금에 대한 보증보험이 1년에 대략 200만 원 정도 했는데, 이 금액을 내가 부담하기로 하고 계약했던 것이다.

강남 D 아파트는 매입 후 1년 만에 국토교통부 실거래가 기준으로

5억 원 넘게 상승했고, 2년이 갓 지난 시점에는 28억 8,000만 원의 신고가를 달성했다. 19억 3,000만 원에 매입하고 나서 2년 만에 9억 5,000만 원의 가격 상승이 있었던 것이다. 이 아파트는 2021년 4월 현재 호가가 30억 원 이상 나오고 있으며, 전세가 또한 임대차 3법의 부작용과 맞물리면서 5억 원 정도 상승했다.

10년이 지나면 시세가 더 오르리라 생각한다. 그러면 그때 나는 이 아파트를 매도한 후 현재 보유하고 있는 건물(뒤에서 자세히 언급)의 월세 비중을 늘려 가는 방법을 고려하고 있다. 또는 추가로 건물을 1채 더 매수할 계획도 있다. 아니면 이 아파트는 팔지 않고, 전월세로 전환하여 월세를 받으며 계속해서 보유할 수도 있다.

이는 젊을 때는 시세 차익 중심으로 과감하게 투자하고, 은퇴가 가까워 오면 월세 비중을 늘려서 은퇴를 준비하는 것이 투자의 정석이라고 생각하기 때문이다.

곱셉의 부동산에 올라타다

2020년에 두 번째 육아휴직을 했다. 아내가 2년간의 육아휴직을 끝내고 복직할 때가 되었기 때문이다. 쌍둥이가 4살이 되었지만, 11월생이라서 어린이집 등 기관에 보내기에는 아직 어리다는 판단을 해서 내가 다시 육아휴직을 하기로 결정한 것이었다.

나는 어느새 이른바 '곱셉의 부동산'에 올라탔다. 10채의 다주택을 굴리며 그것들이 1억 원씩만 오른다 하더라도 '10채×1억 원=10억 원'이 되는 마법의 투자 사다리에 올라탄 것이었다. 그런데 2018년 부동산 호황기 이후 1채당 1억 원씩만 올랐겠는가? 내 자산은 짧은 기간 동안 크게 늘어났다.

사이버 머니를 진짜 머니로

불어난 자산은 어떻게 보면 누군가가 이야기하는 것처럼 '사이버 머니(cyber money)'에 불과할지도 모른다. 자산이 불어났다고 해서 바로 내 생활이 윤택해졌다거나 하는 변화는 없었기 때문이다. 그래서 난 사이버 머니를 진짜 머니로 바꾸기 위한 프로젝트를 기획했다. 그건 바로 건물 매입이었다.

우선 대출 등 레버리지를 최대한으로 일으켜 자산을 크게 늘리고, 그다음에는 자산은 유지하면서 현금 보유량을 늘려 가며 은퇴하는 것. 이것이 내가 생각하는 부동산 투자의 이상적인 설계도이다.

자산을 유지하면서 현금 보유를 늘릴 수 있는 방법. 난 그것이 바로 건물을 매입하는 것이라고 판단했다.

'크게 불린 자산 중 옥석을 가려 일부를 처분해 건물을 매입한다. 그리고 차후에는 다시 불린 자산 중 일부를 처분하여 건물의 월세를 올리거나 혹은 전세보증금 등을 올려 받아 그것을 활용하여 건물의 월세 비중을 다시 높여 간다. 그리고 건물의 월세 비중이 최대화되는 시점에 은퇴한다.'

이렇게 생각이 미치자, 나는 '꼬마빌딩' 또는 '건물' 등의 제목이 들어간 책들을 잔뜩 사서 공부하였다. 그러던 차에 인터넷을 통해 이런 건물 직거래 매물을 보게 되었다.

[급매] 서울 강서구 수익형 건물

　　　　매매가 37억 원

　　　　보증금 17억 원

　　　　실투자금 9억 1,000만 원 / 주인 세대 입주 시 12억 6,000

　　　　만 원(취득세 포함)

　　　　대출금 9억 1,000만 원

　　　　월세+관리비 1,000만 원

이 건물에 9억 1,000만 원을 투자하면 월세와 관리비로 매월 1,000만 원을 받을 수 있다는 의미이다. 이 물건을 보는 순간, 가격적인 측면에서 충분히 메리트가 있다고 판단했다.

Tip 건물의 적정가격 산정 방법

　건물 가격이란 토지 값과 건물 값을 합친 총합을 말한다. 상황에 따라서는 토지와 건물을 별도로 매입하는 경우도 있겠으나, 이것은 특수한 경우에 해당되므로 토지와 건물을 동시에 매입하는 일반적인 경우에만 한정해서 생각하자.

　건물은 아파트와 달리 건물들마다 형태 및 위치가 다르기 때문에 가격이 정확히 얼마라고 산정하기가 매우 어렵다. 하지만 아래와 같은 두 가지 방식으로 대략적으로나마 매입 가격이 적정한지 산출해 볼 수 있다.

① 주변 시세를 고려한 토지 가격과 건물 가격을 별도로 계산하여 합산하는 방식

우선 매입을 고려하는 건물 주변에 최근 거래된 토지 가격을 확인해 이를 대략 토지 가격이라고 산정한다. 최근에 거래된 것이 없다면 작년에 거래된 내용을 확인하고, 공시가격 상승분 등을 감안하여 매입코자 하는 건물의 토지 가격을 산출하기도 한다.

그래서 만약 근처의 나대지(공터)가 평당 5,000만 원에 거래되었다면, 매입을 고려하는 건물 대지의 가격도 5,000만 원이라고 추산할 수 있다. 나대지가 아니라도 40년 가까이 노후화된 건물을 매입했다고 하면, 그 건물을 리모델링하거나 허물고 재건축을 할 가능성이 높다. 이때는 건물을 매입한 가격을 해당 대지를 매입한 가격으로 생각해도 좋다.

그리고 건물 가격은 해당 건물을 다시 지었을 경우 발생하는 건축비로 생각하면 된다. 건물을 새로 짓는다면 2020년 말 시세로 대략 평당 500만 원 정도의 비용이 발생하는데, 이 금액에 해당 건축물의 연면적(건물 전체 면적의 합)을 곱해서 건물가액을 계산한다.

예를 들어 3층 건물이고 각 층의 면적이 100평이라고 하면, 연면적은 100평×3층, 즉 300평이 될 것이다. 여기에 평당 건축비 500만 원을 곱하면 대략 건축물의 가격은 15억 원으로 산출할 수 있다. 단, 건물의 수명은 보통 약 40년으로 보고 있기 때문에 해당 건축물을 완공한 지 몇 년이 지났는지를 확인하여 감가상각비를 빼 줘야 한다. 위에서 산출한 건물 가격 15억 원을 40년으로 나누면 3,750만 원이 나온다. 그래서 이 3,750만 원이 바로 매년 발생하는 건물의 감가상각비라 할 수 있다.

이 방식을 급매로 나온 건물에 적용하여 계산해 보자. 주변 나대지가 최근 평당 5,000만 원에 거래되었고, 매입하려는 건물의 대지는 총 76평이며, 건물은 완공된 지 10년이 되었다. 연면적이 312평이라면 해당 건물 가격은 얼마로 계산할 수 있는가?

- 대지 가격 : 5,000만 원 × 76평 = 38억 원
- 건물 가격 : 312평(연면적) × 500만 원(평당 건축비) ÷ 40년 × 30년 =
    11억 7,000만 원
- 총합 : 49억 7,000만 원

② 건물의 수익률로 계산하는 방식

2020년 말 기준, 대략 통용되는 건물의 수익률은 다음과 같다.

- 서울 강남 : 2%
- 서울 강남 외 : 4%
- 광역시 : 6%

＊ 만약 불법 건축물이 포함되어 있다면 위의 기준에서 2% 정도를 추가

이걸 앞에서 언급한 급매로 나온 건물에 적용해서 계산해 보자. 건물에서 월세와 보증금이 1,000만 원 나오고, 보증금이 17억 원 있다고 했다.

1,000만 원(월세) × 12개월 ÷ 4%(이자율) + 17억 원(보증금) = 47억 원

즉 주변 시세로 적정가격을 고려하면 49억 7,000만 원으로 계산되고, 통상적인 수익률로 계산하면 47억 원이 된다. 주변 시세에 대한 분석이 좀 과하게 계산되었을 수도 있고, 수익률로 계산하는 방식에 있어 비용에 약간의 오차가 있다고 하더라도 37억 원에 나온 건물을 급매로 사는 것은 훨씬 이득이었다.

그리고 내가 이 건물을 사야겠다고 생각한 또 한 가지 이유는 4년 전이 건물이 39억 원에 거래된 적이 있었기 때문이다. 2011년 완공 이후 건축주가 운영을 하다가 2016년에 39억 원에 매도하고, 그 물건이 다시 사정상 37억 원에 시장에 나온 셈이었다. 최근 3~4년간 아파트 가격이 거의 두 배 올랐는데, 이 건물은 오히려 가격을 낮추어서 시장에 매물로 나왔다는 점이 대단한 가격적 메리트가 있다고 판단했다.

이런 계산과 판단으로 나는 이 건물을 반드시 사야겠다는 결심을 하게 되었다. 그럼 취득세까지 합해서 필요한 9억 1,000만 원은 어디서 구할 수 있을 것인가? 나의 고민은 시작되었다.

뜻이 있는 곳에 길이 있다

앞에서 언급한 것처럼, 난 불어나는 자산을 활용해 현금 창출이 가능한 건물로 갈아타야 한다는 생각을 계속해서 하고 있었다. 그래서 해당 급매물을 발견하기 전부터 옥석 가리기에 들어가 일부 소형 아파트를 매도하고, 일부는 전세금을 상향하여 4억 원 정도의 돈을 마련해 놓은 상태였다.

그리고 급매물 광고를 보면 '실투자금 9억 1,000만 원 / 주인 세대 입주 시 12억 6,000만 원'이라는 문구가 있는데, 이 말인즉 8층이 주인 세대인데 내가 직접 들어가서 사는 경우에는 12억 6,000만 원이 필요하고, 만약 입주하지 않고 3억 5,000만 원에 전세를 준다면 실제 투자금액은 좀 줄어든다는 의미다. 난 실거주하지 않고, 전세 3억 5,000만 원에 들어올 사람을 구하는 것으로 방향을 잡았다. 그리고 이 부분은 지인이 들어오기로 해서 바로 해결되었다. 이제 대략 5억 원만 해결하면 되었다[12억 6,000만 원 - 4억 원(아파트 매도 등으로 마련) - 3억 5,000만 원(주인 세대 임차인 보증금)].

생각, 그리고 또 생각. 서울에서 이 정도 수익률이 나오는 건물을 찾기가 어렵기 때문에 이번 기회를 놓치면 앞으로도 건물을 매입하기가 쉽지 않을 것 같았다. 그래서 난 반드시 이 건물을 매입해야겠다고 생각하고, 근저당권을 실정한 은행에 먼저 연락을 했다.

그 결과, 매도자는 현 대출금 9억 1,000만 원만 승계 가능하다고 이야기했지만, 은행의 대출 담당자와 몇 차례 통화해 보고 신용조회까지

넣어 보니 10억 6,000만 원까지도 가능하다는 것을 알게 되었다. 그동안 건물 시세가 많이 상승했고 내 신용도가 괜찮았기 때문이다. 이렇게 또 1억 5,000만 원이 해결된 셈이었다.

나는 은행 담당자가 또 한 명의 매우 소중한 고객이라고 생각한다.

금리 인하 혹은 대출 승인 등 이들의 결정에 따라서 연간 수백만 원에서 수천만 원 이상까지도 이익을 보거나 손해를 볼 수 있기 때문이다. 그래서 대출 담당자가 지정되면 카톡 선물하기를 통해 2만 원 내외의 기프티콘을 보낸다. 거기에 '제 대출에 신경 써 주셔서 미리 감사하며 주말 잘 보내시라'는 메시지를 덧붙인다. "꼭 대출을 받게 해 달라" "금리를 낮춰 달라"는 요구를 하면서 부담스럽게 다가가서는 절대 안 된다.

암튼 이 덕분인지 은행 담당자의 말처럼 급매로 나온 건물은 10억 6,000만 원까지 대출 승인이 났고, 금리 또한 매도자가 받은 이자율보다 0.2%포인트나 더 낮아졌다. 10억 6,000만 원의 0.2%는 212만 원이다. 0.2% 이자율 인하로 인하여 매년 212만 원의 이자를 절약할 수 있게 된 셈이다.

이제는 나머지 3억 5,000만 원이 문제였다. 그중에 취득세가 1억 7,000만 원이었다. 문득 취득세는 카드 납부가 가능했다는 것이 머릿속에 떠올랐다.

취득세 1억 7,000만 원을 어느 카드사에서 승인해 줄지 몰라서, 평소 자주 사용하는 카드회사들에 사정을 설명하고 납부 승인을 요청했다. 지로가 필요하다고 하여 건물 계약이 진행되는 시점에 구청에 가서 그것을 받아 오기까지 했다. 그랬더니 A 카드사에서는 1억 원을 6개월 무이자로 승인해 주었고, B 카드사에서는 5,000만 원을 3개월 무이자로 승인해 주었다. 하지만 C 카드사는 가장 많이 사용하는 카드임에도 불구하고, 납부 승인이 거절되었다. 굳이 이것을 언급하는 이유는 혹시라도 취득세를 카드로 납부하게 되면 평소에 자주 사용하는 카드라고 해서 반드시 취득세 납부 승인이 되는 것은 아니라는 점을 알려 주고 싶었기 때문이다.

아무튼 1억 7,000만 원의 취득세 중 1억 5,000만 원은 이렇게 카드로 납부했고, 나머지 2,000만 원은 내 마이너스통장을 탈탈 털어서 해결했다.

남은 금액은 1억 8,000만 원 정도였다. 여기서 건물 매입의 마법이 나타난다.

보증금 1,000만 원에 월세를 50만 원 받는 방이 있다고 가정해 보자. 이 방을 월세 대신 전세로 받으면 대략 7,000만 원 이상의 전세금을 받을 수 있다. 즉 보증금 1,000만 원에 월세 50만 원 받는 방을 전세로 바꿀 경우에 전세 7,000만 원짜리 방으로 변경이 가능하다는 뜻이다. 그렇게 변경할 경우 연 600만 원(월세 50만 원×12개월)은 받지 못하지만, 단기적으로 보증금이 6,000만 원 생기게 된다. 방 3개만 이런 전세 형태로 바꾸면 1억 8,000만 원의 자금이 만들어지는 것이다.

결국 난 이렇게 해서 37억 원에 건물을 매입했다. 이 건물은 '코로나19'에도 현재 공실 없이 운영 중이며, 매월 대출이자를 포함해 각종 공과금 등을 납부하고도 대략 400만~500만 원의 현금 흐름이 개선되었다.

그리고 내가 매입한 건물보다 상태가 좋지 않은 옆 건물이 최근 40억 원 초반대에 매물로 나왔는데, 만약 그 건물이 그 금액에 팔린다면 내가 매수한 건물은 최소 43억 원에서 45억 원 정도는 받을 수 있다고 볼 수 있다. 그래서 매물을 싸게 산다는 것은 바꿔 말하면 매수할 때부터 수익을 올리는 것이라고도 할 수 있다.

임대차 3법 개정으로 인해 지금 전월세 가격이 엄청난 속도로 올랐다. 따라서 내가 보유한 아파트들 중 전세로 계약한 아파트를 현 시세로 맞춘다면 몇 억 원의 현금이 생긴다. 예를 들어 강남 아파트는 11억 원에 전세를 주고 있는데, 2021년 4월 현재 16억 5,000만 원까지 가격이 올랐다. 물론 4억 원의 대출이 있기는 하지만, 새로 들어오는 임차인과 16억 5,000만 원에 전세 계약을 한다면 1억 5,000만 원의 현금 흐름이 개선된다.

- 전세금 16억 5,000만 원 − 기존 임차보증금 11억 원 − 대출금 4억 원 = 신규 현금 흐름 1억 5,000만 원

이런 것들을 활용하여 건물 내 7,000만 원짜리 전세를 다시 보증금 1,000만 원에 월세 50만 원으로 바꿔 현금 흐름을 더 크게 발생시키는 것이 향후 나의 계획이다.

이렇게 해서 난 서울에 8층짜리 꼬마빌딩과 강남 핵심 학군지에 34평 아파트를 보유하게 되었고, 한강변 아파트에는 자가로 살면서 총자산

이 120억 정도로 늘어났다.

앞으로 내 자산은 더 늘어날 것이다. 왜냐하면 향후 3년간 서울 아파트의 불꽃이 절정에 이룰 것이기 때문이다. 그래서 앞으로 3년간 대략 30%의 자산 증식을 예상하고 있다. 이는 나뿐만 아니라 아파트, 특히 서울 아파트를 소유한 누구에게나 해당하는 이야기가 될 것이다.

무피 투자를 넘어 플러스피 투자

2017년도에 서울 아파트 가격이 많이 오르자, 2,000만~3,000만 원의 소액 투자는 현실적으로 어려워졌다. 그즈음 난 서울에서 가까우면서도 2021년에 지하철이 완공되는 인천의 부평 산곡동 쪽으로 눈을 돌려 거기에 있는 아파트 몇 채에 투자했다. 당시에는 서울에서 불붙은 투자 열기가 지방으로 퍼져 나가던 시기였는데, 8·2대책이 나오면서 전국이 순식간에 냉각기로 돌아섰다.

앞서 말한 대로 부동산 대책이 나오면 처음 2개월에서 8개월가량은 냉각기를 맞이하다가 강남이 슬금슬금 오르면 뒤이어 마용성이 오르고, 그러면서 서울 전체, 경기도와 지방으로 퍼져 나가는 모습을 보이는 것이 보통의 양상이다. 그래서 부동산 활황기에 다주택자가 되고자 무리하게 몇 채 투자했다가 시장이 냉각기로 돌아섰을 때 사 두었던 아파트들을 다시 '토해 내는' 사람들이 있곤 했다.

시장 냉각기의 괜찮은 물건

인천 부평 산곡동에 위치한 H 아파트 20평대도 그런 매물이었다. 몇 가지 원칙을 세우고 그 조건에 맞는 아파트들을 찾아서 살펴보던 중 원래 시세가 2억 6,000만 원 정도 하는 아파트가 2억 4,000만 원에 매물로 나와 있는 것을 확인하게 되었다. 부동산 중개업소에 물어보니 광주 사는 다주택자가 무리해 이 지역에 3채를 매수했는데, 전세가 맞춰지지 않아서 다시 팔려고 내놓은 물건이라고 했다. 계약만 진행한 상황이었고, 등기는 아직 올리지 않은 매물이었다.

그 주 토요일에 해당 매물을 보기 위해 부평으로 향했다. 집은 확장되어 있었지만, 곰팡이가 좀 피어 있었고, 임차인 말에 따르면 새시가 안 되어 있어 춥다고 했다. 이런 상태에서 임차인은 이사를 가려고 하는 상황이었다. 난 인천에 투자하면서 알게 된 인테리어 업자에게 방문을 요청해 견적을 받았고, 집을 다 뜯어내고 올수리를 할 마음으로 매입을 결정했다.

그리고 올수리를 조건으로 하여 등기가 마무리되는 시점에 신규 임차인과 2억 2,500만 원에 전세 계약을 했다. 즉 매매 잔금을 내는 날에 전세 잔금을 받아서 내는 방식인 것이다. 해당 임차인은 지방에 살고 있어서 올수리가 끝난 이후에 입주하기로 했다. 인테리어에 1,200

만 원이 들어 결국 이 집을 매매하는 데 들어간 돈은 대략 3,000만 원이었다. 현재 해당 아파트는 1억 3,000만 원 정도 가격이 상승하였다.

건물 매입 스토리 이후에 갑자기 인천 아파트 이야기를 꺼낸 것은 시장의 냉각기 혹은 정부의 부동산 대책 발표 이후에 다주택자가 쏟아 내는 물량 중에 '괜찮은 물건'들이 간혹 나온다는 말을 하고 싶어서이다. 여기서 내가 말하는 괜찮은 물건이란 '가격적인 메리트가 있는 물건'이라는 뜻이다.

내가 찾는 괜찮은 매물은 바로 무피 투자, 심지어는 플러스피 투자가 가능한 매물이다. 보통 무피 투자 혹은 플러스피 투자는 경매로 매물을 싸게 매입한 경우에 가능하지만, 물량이 많이 쏟아지는 상황에서는 일반 매매에서도 가능하다.

지금 협의 중인 인천 남동쪽에 있는 매물은 평균 매매가가 9,600만 원 정도이고, 전세가도 비슷하다. 즉 취득세와 복비만 있으면 바로 매입이 가능한 무피 투자 매물인 것이다. 그런데 내가 인천 남동에 위치한 소규모 단지인 이 아파트를 주목하는 건 무피 투자를 할 수 있기 때문이 아니다.

현재 3주택자로 추정되는 집주인이 똘똘한 1주택으로 비과세 받고자, 아파트 2채를 손해를 감수하면서까지 싸게 내놓은 매물이기 때문이다. 매도자는 이 매물을 7,200만 원까지 내려서 거래를 진행하려고 하는 중이다.

그리고 부동산 중개업소에 확인한 바로는 이 아파트가 소형 단지이기는 하지만, 역세권에다 생활편의시설이 있어서 이 매물을 전세로 내놓는다면 지금 시세로 9,500만 원까지도 가능하다고 했다. 즉 매매가가 7,200만 원, 전세가가 9,500만 원이다. 그렇다면 이론적으로는 매매를 해서 전세를 놓는다면 대략 2,000만 원의 현금이 생기는 매물인 것이다.

다만, 7,200만 원에 매매 등기를 하고 나서 그다음에 9,500만 원짜리 전세를 놓는 것이 쉽지는 않다. 전세로 입주를 할 때 등기부등본을 통하여 매매 거래 가격을 확인하는데, 어느 누가 직전에 7,200만 원에 매매 거래가 된 집에 9,500만 원 전세로 들어오려고 하겠는가?

또한 설령 전세 시세가 그러해서 9,500만 원으로 전세를 들어오려고 한다 해도, 은행에서 전세자금대출을 받는 것이 쉽지 않다. 은행에서도 전세자금을 빌려주면서 매매 실거래 가격을 확인한다. 바로 직전에 7,200만 원에 매매 거래가 된 것을 확인한다면 시세를 7,200만 원으로 생각하고, 전세 자금은 당연히 그보다 훨씬 적은 금액만 빌려줄 수 있다고 판단하는 것이다.

따라서 이런 경우에는 매도자와 사전에 협의하여, 매도자가 전세를 우선 받아 주고, 매매 등기를 차후에 하는 것이 현실적인 방법일 것이다. 신규 임차인에게는 퇴거를 원하면 언제든 전세금을 돌려줄 수 있다고 설득하는 것도 때로는 필요할 것이다.

그런데 이런 매물의 등기를 넘겨받으려고 하는 사람이 과연 얼마나 될까?

역시 예상대로 매매가가 9,500만 원에서 7,200만 원까지 내려오는 동안 어느 누구도 이 매물을 넘겨받으려고 하지 않았다. 무주택자가

똑똑한 1채를 이런 아파트로 채우기에는 만족하지 않을 것이고, 2주택 이상 자는 2,000만 원을 지금 받는다 해도 '다주택자'라는 꼬리표를 떼어 내지 못해, 결국 다른 주택들에 대한 보유세 중과세를 적용받아 오히려 손해를 볼 것이라고 생각하기 때문이다.

하지만 난 다르다. 1주택으로 가기에는 이미 주택 수가 너무 많아졌고, 다주택을 앞으로도 유지하려는 사람 아닌가? 현재 보유하고 있는 주택들에, 매매가 7,200만 원짜리 아파트 1채가 더 보태진다 한들 보유세가 얼마나 더 나오겠는가? 아니면 관리가 어렵겠는가? 오히려 그 집을 사자마자 2,000만 원이 생긴다면, 난 그 돈 중 1,000만 원을 활용하여 집을 올수리하고, 남는 돈으로는 보유하고 있는 건물의 내실을 다지는 것에 사용할 수도 있겠다.

그럼 정말 나 같은 사람에게만 이런 매물이 좋은 것일까?

다주택자의 발상의 전환

서울에 소액으로 아파트 투자를 할 때, 당시에는 서울이 이 정도로 가격이 많이 오를 것이라고 예상하지 못했다. 투자하는 나조차도 이 정도의 가격 상승은 예상하지 못했던 것이다. 다만 나는 버틸 수 있을 만큼 최대한 보유한다는 생각으로 매물들을 매입해 왔다.

매물로 나온 인천의 아파트도 5년 전에는 7,000만 원 수준이었다. 가격 상승폭이 느리긴 하지만, 상승하고 있다는 것이 중요하다. 또한 지하철역에서 가깝고, 30년이 살짝 넘은 아파트니 계속 보유한다면 언젠가 효자 노릇을 할 것이다. 소액으로 투자했던 서울 아파트들이 지금 나에게 큰 자산으로 불어난 것처럼 말이다. 내 돈이 전혀 들어가지 않고, 오히려 나에게 돈을 주겠다는 매물들 중 리스크가 적어 보이는 이런 매물들을 보유하려고 하는 것이 현재 나의 전략이다.

이런 전략은 다주택자여도 상관없다는 나와 같은 사람들이나, 혹은 정말 소액으로 투자를 시작해서 자산을 크게 불리고 싶은 사람들이 시작해 봄직하다. 다주택자는 취득세를 중과하고 있으나, 공시지가 1억 원 이하의 매물은 아직 중과하기 전이다. 따라서 공시지가 1억 원 이하면서 플러스피로 돈을 얹어 주겠다는 매물들을 잘 골라서 협상한다면, 정말 마법같이 몇 천만 원에서 억 대 가까운 돈을 만들어 낼 수 있다.

이런 아파트를 5채 산다면 1채당 2,000만 원씩 해서 총 1억 원의 돈이 생긴다. 그럼 전세 기간 만료일을 잘 계산하여 1억 원의 돈으로 5채를 잘 운영해 나가는 것도 좋은 방법일 것이고, 혹은 그 1억 원으로 조금 더 큰 금액대의 매물을 취득하는 것도 괜찮은 방법이다. 물론 조정지역, 비조정지역의 취득세는 잘 따져 봐야 한다.

지나치게 공격적인 방법일 수도 있겠지만, 누군가에게는 정말 최선의 돌파구일 수 있다.

CHAPTER 2

서울 아파트
슈퍼 사이클의 증거들

이제 본격적으로 향후 몇 년간 서울 아파트의 가격은 왜 급등할 수밖에 없는지에 대해서 이야기하고자 한다.

공급은 급감하고, 수요는 증가하며, 돈은 시장에 엄청나게 풀리고, 집을 사야 할 것만 같은 심리적 요인을 흔들어 놓는 대규모 공사가 진행된다. 여기에 더해서 서울 아파트 규제가 이제는 전국에 있는 아파트 대부분의 규제로 바뀌었다.

이런 전국적인 규제는 역설적으로 '규제가 없는 것'과 같은 효과로 나타나결국 다시 서울 아파트의 급등, 이른바 '슈퍼 사이클'을 가져오는 계기가된다.

공급의 급감

임대사업 정책 남발로 인한 물량 감소

우리나라 사람들은 다양한 곳에 거주하고 있다. 아파트, 빌라, 주상복합, 오피스텔, 상가주택 등등. 이렇게 거주 장소는 다양할지라도 거주 방식은 단 두 개만 존재한다. 집을 소유하고 있거나 그 집을 전월세로 임차하거나. 보편적으로 많은 사람들이 거주를 원하는 아파트에 한정하여 살펴보자.

우선 서울 아파트 입주(예정) 물량을 살펴보자. 입주 물량이 중요한 것은 전세 시장의 주요 공급처이기 때문이다. 전세를 소화해 낼 물량이 줄어들면 전세 가격은 상승하고, 전세 가격의 상승은 다시 매매 가격의 상승을 이끌게 된다.

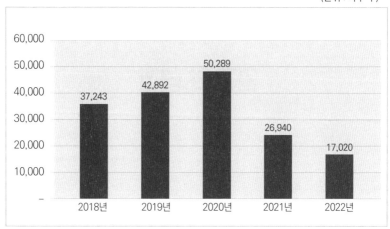

〈서울 아파트 입주(예정) 물량〉

(단위 : 가구 수)

출처 : 부동산 114

    통계청이 2018년에 조사한 자료에 따르면 대한민국에는 1,083만 호의 아파트가 있으며, 그중 서울에는 168만 호의 아파트가 있다. 여기에서 자가가 아닌 남의 집에 사는 임차인(세입자) 비율이 전국 평균으로 43%이며, 서울은 57% 정도이다. 즉 우리나라 국민 중 절반 정도가 남의 집에 살고 있는 셈이다.

    유럽 같은 경우 보통 정부에서 주택을 임대하는 비중이 65~70% 정도로 높은 편인데, 이는 주거 문제를 국가에서 해결해 줘야 그로 인한 사회 문제가 없어진다고 봤기 때문에 점차 공공임대 형태를 늘려 왔던 덕분이다.

    하지만 우리나라는 정부 주도의 공공임대 형태는 적고, 주로 개인이 개인에게 전월세를 주는 사인 간 임대 형태가 주를 이루고 있다. 즉 국가에서 해 줘야 하는 일을 개인이 대신해 주고 있다고 볼 수 있다. 시대에 따라 다주택자를 투기꾼으로 몰아가는 풍조도 있지만, 따지고 보면 국가가 해 줘야 하는 임대주택 공급의 역할을 다주택자가 대신하고 있는 셈이다.

그래서 정부는 개인이 공급하는 임대주택을 더욱 안정적으로 운영하고자 '임대사업자제도'를 운영하고 있다. 임대사업자란 개인이 임대를 위해 사업자로 등록하고, 정부와 맺은 약속대로 일정 기간 동안 임대 물건을 안정적으로 공급하는 일을 하는 사람을 일컫는다.

임대사업자는 매년 임대료 상승률을 최대 5%로 제한받으면서 전월세 주택을 공급하는 대신, 재산세나 종합부동산세 등에서 혜택을 받게 된다. 의무임대기간이 있어서 그동안에는 집주인 마음대로 매도하기 어렵기 때문에 안정적인 전월세 물량 공급에 크게 기여하는 정책으로 바람직하다고 볼 수 있다. 그러나 2017년에 임대주택 활성화 정책이 나오면서 문제가 시작되었다.

임대주택 활성화 정책을 통해 정부는 임대주택으로 등록하면 양도세 중과 대상에서도 빼 주고, 장기 보유 시 특별공제 혜택까지 준다고 하였다. 즉 다주택을 보유하고서도 그것을 임대주택으로만 등록하면 엄청난 세금 혜택을 주겠다고 한 것이었는데, 이에 호응하여 많은 다주택자들이 자신이 소유한 주택들을 임대주택으로 등록하기 시작하였다. 그 결과, 정책이 발표된 이후 서울에서만 2017년 6만 호, 2018년 14만 2,000호, 2019년 4만 8,000호 등 약 3년간 25만 호의 주택이 임대주택으로 등록되었다. 25만 호 중 아파트는 대략 8만~10만 호 정도로 추산된다.

다시 정리하면 앞서 언급한 것처럼 서울에는 아파트가 168만 호 있고, 그중에서 57%, 즉 97만 호가 남에게 빌려주고 있는, 다시 말해서 누군가 전월세를 살고 있는 아파트인데, 이 중 약 10% 정도인 8만~10만 호가 임대주택으로 등록되는 바람에 최소 5년간, 장기로는 10년간 시장에 매도 물량으로 나오기 어렵게 되었다는 말이다. 즉 매매 거래가 가능했던 8만~10만 호의 물량이 몇 년간 일시적으로 사라져 버린 것이다. 임대사업자의 주택 임대기간은 단기 4년, 장기 8년으로 정해져 있지만, 실제로 세제 혜택을 받으려면 단기임대주택은 5년, 장기임대주택은 10년을 채워야 했다.

10%라는 엄청난 매도 물량이 갑자기 사라지자, 아파트 가격은 폭등하기 시작했다. 물량 잠김 현상이 계속되면서 정부는 끝내 임대사업자 활성화 정책이 잘못되었음을 일부 시인하고, 2020년 7월 10일 추가 부동산 대책으로 임대주택 자동말소를 발표했다. 또한 원하는 임대사업자는 의무기간 중 절반 이상을 임대하였다면 임차인의 동의를 얻어서 임대주택을 말소할 수 있도록 조항을 변경했다. 하지만 동시에 다주택자가 아파트를 양도할 때 세금을 최대 70%까지 내도록 하는 다주택자 중과세 강화 조항도 만들었다.

정리하면 예전에는 다주택자들에게 임대사업자로 등록하면 엄청난 세금 혜택을 주었으나 다주택자들에 대한 특혜 논란이 일자, 그 제도를 사실상 폐지한다고 하였다. 그래서 다주택자들이 이제 사 두었던 아파트들을 매도하려고 보니 양도세 중과세가 적용되어 실제 벌어들인 차익이 얼마 없는 것이다.

이런 상황에서 누가 매도를 하겠는가? 등록된 임대주택이 자동말소 되더라도 양도세 중과세 조항으로 인하여 시장에 나오는 매물은 그렇게 많지 않을 전망이다. 그러니 매물 잠김은 계속 되고, 가격 또한 계속해서 상승할 수밖에 없다.

임대차 3법의 부작용

2020년 7월 30일 「주택임대차보호법」 개정 법안이 국회 본회의를 통과하면서 임대차 3법이 효력을 발휘하기 시작하였다.

임대차 3법은 계약갱신청구권, 전월세 상한제, 전월세 신고제를 일컫는데, 이는 임차인의 거주권을 보호하기 위한 법으로 취지는 좋으나 부작용이 심각하다. 각 법의 개정 내용들을 좀 더 자세히 살펴보자.

계약갱신청구권은 '2+2'라고도 불리는데, 이는 임차인의 기존 전세 기간이 만료된 이후 다시 2년을 추가로 더 거주할 수 있는 권리를 보장하는 내용이다. 임대인이 입주하는 것 이외에는 임차인에게 퇴거 통보를 할 수가 없다. 그리고 임대인이 실거주를 목적으로 이사를 들어오려고 하면 최소 계약 만기 6개월 전에 임차인에게 통보를 해 주어야 한다.

그리고 전월세 상한제는 기존 임차인과의 계약 갱신 시 임대료를 최대 5%밖에 못 올리도록 법정 상한선을 정해 둔 법령이며, 전월세 신고제는 계약 후 30일 이내에 계약 내용에 대해서 의무적으로 시, 군, 구청 등 지방자치단체에 신고해야 하는 법령이다.

임대인 입장에서 이 임대차 3법을 생각해 보면, 임차인이 계약갱신청구권을 행사하여 퇴거하지 않을 수 있고, 그럼에도 전월세 임대료 상한선을 5%로 못 박아서 시세대로 더 올릴 수 없으며, 이를 30일 이내에 신고해야 하는 의무가 생긴 것이다.

임차인이 장기간 버틸 수 있고 시세대로 전월세 금액을 올리지 못하니 임대인에게는 여러 가지로 불리한 법이다.

그래서 임대차 3법 시행 초기에 임차인이 사정상 이사를 가게 되었을 때 임대인들은 임대료 금액을 미리 올려 버리기 시작했다. 기존 세입자와 계약을 갱신할 때에는 임대료를 최대 5%까지밖에 올리지 못하니, 새로 세입자가 들어오게 되면 받을 수 있는 최대한의 금액을 받았던 것이다. 임대인들도 가족을 잘 부양하고자 하는 소시민일 뿐이다. 높아진 보유세 때문에 주택을 팔려고 해도 이번에는 양도세가 강화돼 매도를 할 수가 없으니 세입자에게 그 세금을 전가하며 버틸 수밖에 없는 것이다.

그러다 보니 시장에서는 전세 가격이 급등하기 시작했다. 전세 가격이 급등하니 임차인들도 가능한 한 이사를 가지 않고, 계약갱신청구권을 사용하고 있다. 계약갱신청구권을 사용하니 전세를 소화해 낼 물량이 더더욱 없다. 기존 임차인들이 매수를 하거나 이사를 가면 신규로 전월세를 소화할 텐데 이사를 가지 않는 것이다. 게다가 결혼 등으로 전월세 시장에 신규로 진입하려는 수요도 만만치 않다.

이렇게 시장이 불안정하고 공급 물량마저 줄어드니 전월세 가격이 급등하고 있다.

분양가 상한제로 인한 신규 공급 축소

분양가 상한제란 새로 건축하는 신규 아파트의 분양 가격을 택지비 (토지비)와 건축비를 합산하는 방식으로 산정한 후, 지자체의 분양가 심사위원회의 승인을 받아 아파트 건설을 진행하는 제도를 말한다. 쉽게 말해 분양가의 상한선을 지자체에서 정해 준다는 의미이다. 분양가는 원가에 이익을 더하여 산정을 하게 되는데, 그 적정가를 민간이 아닌 정부에서 직접 산정하겠다는 것이다.

물론 정책의 의도는 나쁘지 않다. 지속적으로 아파트 가격이 상승하는 분위기를 막고, 분양을 통해 높은 이익만을 취하려는 재건축 조합과 건설업계의 꼼수를 막을 수도 있다. 하지만 인위적인 정책은 역시나 시장의 엄청난 역습을 가져온다.

분양가 상한제를 실시하는 재건축 아파트의 조합원이라고 가정해 보자. 재건축이 잘 진행되면 문제가 없지만, 만약 잘 진행되지 않는다면 조합원들은 '추가 분담금'을 내야 한다. 가령 조합원이 1억 원의 돈을 추가로 내고, 나머지는 신규로 분양받은 사람들에게서 돈을 받아 재건축을 진행하는 방식인 것이다. 그런데 만약 신규 분양자에게서 받는 금액을 축소해 버리면, 즉 이 말을 달리 표현하면 조합원들의 추가 분담금이 더 커진다는 이야기와도 같다. 조합원들이 추가 분담금을 더 내면 낼수록 부담은 더 커지게 되고, 반대로 이익은 더 적어질 수밖에 없다.

결론적으로 조합원의 이익이 신규 분양자의 이익으로 이전된다고 할 수 있겠다. 물론 재건축으로 인한 조합원의 전체 이익이 신규 분양자의 전체 이익과 동일하지는 않다. 왜냐하면 조합원들의 분담금이 많아지면 재건축 자체가 무산될 수도 있고, 또한 재건축에 사용하는 자재 등을 기존에 염두에 둔 고급스러운 자재가 아닌 싸구려 자재로 대체할 수도 있기 때문이다. 심지어 조합원 분양분은 고급 자재를 쓰고, 일반 분양분은 싸구려를 쓰는 편법을 쓸 수도 있다. 조합원은 '재건축' 하나만 보고 오랜 기간 돈을 투자했거나 불편감을 감수하고 오랫동안 그 지역에 살아왔던 사람들이라서 이익을 극대화한다는 이유로 그들만 비난하는 것도 적절해 보이지는 않는다.

이런 분양가 상한제 때문에 재건축이 무산되거나 혹은 우선 임대분양을 하고 나서 몇 년 후에 임대를 살고 있는 사람들에게 매매 우선권을 부여하여 매도하는 방식 등 몇 가지 편법이 나타나게 되는데, 이 모든 것이 시장의 신규 물량 공급을 엄청나게 축소시키는 역할을 하게 된다.

그리고 분양가 상한제를 한다고 과연 그 주변 집값이 전체적으로 떨어질지에 대해서도 생각해 봐야 한다. 그리고 그것이 많은 서민들에게 혜택으로 돌아갈 수 있을지도 의문이다. 만약 집값을 잡는 데 효과적이고, 많은 서민에게 혜택이 돌아갈 수 있다면 그렇게 하는 것이 마땅

하겠지만, 현재로서는 그런 결과를 낳지 못하고 있다. 오히려 분양가 상한제를 한다는 명목하에 청약 가점만 더 높아지는 부작용이 나타나고 있다.

분양가 상한제는 비싼 집을 싸게 살 수 있는 로또 아파트를 양산하게 되는데, 이 때문에 청약에 당첨되자마자 수억 원을 벌 수 있다는 기대가 생겨 사람들이 장롱 어딘가에 꽁꽁 숨겨 놓았던 수많은 청약통장들을 들고 나오게 되면서 청약 가점이 올라가기 시작했던 것이다. 그래서 예전에 60점이면 청약에 당첨될 수 있었던 점수가, 이제는 70점이 되어도 당첨되기 어려운 수준이 되었다. 수많은 사람들이 기대를 하고, 또 그 결과에 대해 좌절하게 된다. 결국에는 아파트 청약통장만을 바라보고 오랫동안 높은 점수를 유지해 온 무주택자들의 경우 만약 당첨이 되지 않으면 내 집 마련을 포기하거나 혹은 지금이라도 대출을 받아 아파트를 매입하는 매수자로 돌아서게 되어 집값 상승을 부채질할 수밖에 없게 된다.

대출 규제 정책으로 인한 이사 수요 감소

이번에는 2019년 12월 16일에 발표한 부동산 대책 중 대출 규제 관련 내용을 살펴보자.

서울 등 투기과열지구의 경우, 9억 원 이상 주택은 LTV(Loan To Value Ratio, 집값 대비 대출받을 수 있는 한도)를 20%(9억 원 이하는 40%)

적용하고, 15억 원 이상 초고가 아파트는 주택담보대출이 전면 금지되었다.

예를 들어서 A 씨가 12억 원 하는 아파트를 소유하고 있고, 주택담보대출이 4억 8,000만 원 있다고 가정해 보자(단순하게 계산하기 위하여 양도세 등 기타 비용은 0이라고 하겠다).

지금 이 아파트를 팔고 동일한 12억 원짜리 아파트로 이사 간다고 하면 신규로 취득하는 아파트는 12억 원 중 9억 원까지는 40%, 즉 3억 6,000만 원의 대출이 가능하고, 9억 원부터 12억 원 사이의 3억 원에 대해서는 20%, 즉 6,000만 원의 대출이 가능하다. 이걸 합치면 4억 2,000만 원이다. 결국 기존 아파트에 있는 4억 8,000만 원의 주택담보대출을 갚고, 신규 아파트로 이사 가면서 대출을 받으면 4억 2,000만 원까지만 되기 때문에, 동일한 조건으로는 신규 아파트로 이사를 갈 수가 없다는 결론이 나온다.

15억 원 이상 초고가 아파트의 경우 주택담보대출이 전면 금지되었기 때문에 만약 기존에 주택담보대출을 받고 거주하고 있다면, 다른 아파트로 이사를 갈 경우 주택담보대출을 전혀 받을 수가 없다. 즉 기타 신용대출 등을 통해 부족한 금액을 빌리지 않으면 이사 자체가 불가능하다는 것이다. 또한 주택담보대출은 말 그대로 주택을 담보로 저당 잡고 돈을 빌려주는 형태이기 때문에 다른 대출들보다 훨씬 금리가 낮다. 따라서 기존 15억 원 이상 주택에 담보대출이 있는 경우에는 다른 아파트로 이사를 안 가는 것이 더 나은 선택이라는 판단을 할 가능성이 높아진다. 결국 이사를 못 가거나 안 가는 사람들이 많아질 수밖에 없는 구조다.

이사를 안 간다는 것은 매도로 인한 공급과 이사로 인한 수요가 동시에 줄어든다는 것을 의미한다. 그러나 이상하게 수요는 증가하고 있다. 그럼 다음 장에서 왜 수요가 증가할 수밖에 없는지 구체적으로 살펴보자.

수요의 급증

대출 감소로 인한 불안 심리가 만들어 낸 신고가

〈부동산 대책 중 대출 관련 규제 내용〉

2017년 8월 2일 이전	• 조정대상지역 LTV 60%, DTI* 50%
2017년 8월 2일	• 투기과열지구, 투기지역 부활 및 해당지역 LTV, DTI 40% 적용
2018년 9월 13일	• 2주택 이상 자는 전세자금대출 공적보증 금지 • 1주택 세대는 2017년 8월 2일 대책과 동일한 LTV, DTI 적용 • 2주택 이상 세대는 10% 강화된 LTV, DTI 적용
2019년 12월 16일	**투기과열지구 내** • 9억 원 이하 주택 LTV 40% 적용 • 9억 원 이상 주택 LTV 20% 적용 • 15억 원 이상 초고가 아파트 주택담보대출 금지 • 9억 원 이상 주택 보유자의 전세자금대출 전면 금지

* DTI(Debt To Income Ratio) : 소득 대비 원금과 이자를 합한 상환액 한도

앞의 표는 근 몇 년간 발표된 수많은 부동산 정책들 중 대출 관련 규제에 관한 주요 내용들이다.

내용을 보면 쉽게 알 수 있는 정책 방향이 있다. 바로 대출 한도를 점점 줄이고 있다는 것이다. 주택담보대출뿐만 아니라, 이제는 9억 원 이상 고가주택 보유자는 전세자금대출도 안 된다.

무주택 실거주자 입장에서 생각해 보자. 서울의 아파트 값은 계속 오르고 있고, 전세가도 상승과 하락을 반복하지만 결론적으로는 우상향하고 있다. 그래서 몇 년간 돈을 차곡차곡 모아 집 살 계획을 세웠다. 그런데 정부에서 '점점' 대출 한도를 줄이고 있다. 이때 집을 매입할 계획을 가지고 있는 무주택자가 취할 수 있는 선택에는 어떤 것들이 있을까? 주택 매입 계획을 포기하거나 혹은 대출 한도를 더 줄이기 전에 어떻게든 지금 매입하는 것. 이 두 가지 방법 중 하나를 선택하게 될 가능성이 상당히 높다.

앞으로 대출을 더 줄일 수 있다는 정부 정책은 지금 당장 집을 사지 않아도 되는 수요마저, 즉 미래의 수요를 지금 현재의 수요로 앞당겨 오는 효과를 발생시킨다.

시장에서 가격이 오르면 수요가 줄어들면서 가격이 하락하기 마련이고, 가격이 떨어지면 저가에 사려는 사람들이 우르르 몰려들어 매입하려고 하면서 가격은 자연스레 다시 상승을 하기 마련이다. 그러나 지금 정부의 대출 규제 정책은 현재 아파트를 매입하려는 사람들이 아닌 미래에 아파트를 구매하려고 계획하는 사람들을 앞당겨 옴으로써 신규 수요를 만들어 낸다. 이런 수요의 증가가 정상, 비정상을 떠나서 결과적으로 현재 아파트 가격의 상승을 야기하게 될 것이다.

소득의 증가

2019년 고용노동부에서 발표한 자료를 보면 육아휴직자가 증가하고 있고, 특히 남성 육아휴직자는 2만 2,297명으로 전체 육아휴직자 10만 5,165명 중에서 21%를 차지하고 있다. 남성 육아휴직자가 2만 명을 넘어선 것은 육아휴직 제도 도입 이래 처음이며, 2018년 1만 7,665명과 비교했을 때 26%나 증가한 수치이다.

〈육아휴직자 사용자 수 추이〉

육아휴직자	2018년	2019년	전년비
남성	1만 7,665명	2만 2,297명	26% 증가
여성	8만 1,533명	8만 2,868명	2% 증가
합계	9만 9,198명	10만 5,165명	6% 증가

남성 육아휴직자의 가파른 상승세는 무엇을 의미하는 것일까? 회사보다 가족을 생각하는 풍조, 육아에 있어서 남녀가 평등하다는 인식 변화 등을 이야기할 수도 있겠으나, 그것보다 맞벌이의 증가에 더 큰 의미가 있다.

여성의 사회 활동이 예전보다 많아지고 활발해짐에 따라 여성의 커리어를 지속 유지하기 위한 조치로 남녀가 번갈아 가며 육아휴직을 사용하는 경우가 많아진 것이다. 필자도 아내의 복직에 맞춰서 육아휴직 중이고, 주변을 봐도 남편과 아내가 번갈아 가며 육아휴직을 쓰는 경우가 많아졌다.

이런 맞벌이 부부의 증가가 의미하는 것은 여러 가지가 있지만, 그 중 아파트 가격과 함께 생각해 볼 만한 것이 바로 소득의 증가이다.

고용노동부에서 발표한 '고용 형태별 근로실태조사' 중에서 연봉 분포도를 보자.

〈연봉 분포도〉

* 2018년 기준

연봉	인원수	비율
1억 원 이상	49만 명	3.2%
8,000만~1억 원 미만	56만 명	3.6%
6,000만~8,000만 원 미만	116만 명	7.5%
4,000만~6,000만 원 미만	253만 명	16.4%
2,000만~4,000만 원 미만	678만 명	43.9%
2,000만 원 미만	392만 명	25.4%

위 표를 보면 8,000만 원 이상 버는 사람들이 100만 명이 넘고, 6,000만 원 이상 연봉자가 200만 명이 넘는다. 맞벌이 부부로 각각 6,000만 원 이상씩을 벌어 열심히 모으면 연간 1억 원 가까운 돈을 모

을 수도 있다. 즉 고소득 맞벌이 부부의 경우에는 몇 년간만 열심히 모으면 고가 아파트를 살 수 있는 여력이 충분히 된다는 것을 의미한다. 또 이들 부부의 임금도 지속 상승할 가능성이 높다.

예를 들어 어느 직장인의 연봉이 5,000만 원이라고 가정해 보자. 그의 연봉이 5% 상승했다면 연간 250만 원(5,000만 원×5%) 증가했다고 볼 수 있는데, 이 250만 원을 은행 이자로 지출한다고 하면, 연간 8,000만 원을 3%로 빌린 금액과 맞먹는다. 이 말은 연 5,000만 원을 받는 직장인이 다음 해 연봉이 5% 오른다고 하면 은행에서 8,000만 원을 더 빌릴 수 있는 여력이 생긴다는 것과 같다. 즉 임금 5% 상승은 그렇게 많아 보이지 않지만, 대출이자 비용으로 환산하면 임금 상승분의 수십 배에 달하는 돈을 마련할 수도 있다는 의미이다.

이렇듯 맞벌이의 증가와 연봉의 상승은 자연스레 고가 아파트를 매입할 수 있는 대규모의 수요를 만들어 내고, 그로 인하여 서울 아파트를 매입할 수 있는 수요층도 더욱 두터워진다고 할 수 있다.

외국인 및 외지인의 서울 아파트 사랑

최근 아파트를 포함해 서울 주택에 대한 외국인들의 투자가 증가하고 있다.

한국감정원 통계에 따르면 2015년 1월부터 2019년 9월까지 총 주택 매수 건수는 94만 2,623건이며, 그중에서 외국인 매수 건수는 1만

479건으로 전체의 1.11% 수준으로, 이 중 중국인이 절반인 5,000채를 사들인 것으로 조사되었다. 이 말을 정리해 보면, 서울 아파트를 포함한 주택 매수 100건 중 1건의 매수자가 외국인이며, 외국인이 2채를 살 때 그중에서 1채를 중국인이 사들였다는 의미이다. 또한 같은 기간 총 주택 매수 금액은 479조 4,862억 4,300만 원인데, 외국인이 매수한 금액은 6조 363억 9,400만 원으로 총액 대비 1.26%이다. 즉 이것은 외국인이 내국인에 비해서 평균적으로 더 비싼 주택을 사들였다고 해석할 수 있다.

과거 중국인이 해외 원정 투자를 시작하면 많은 해외 부동산 가격이 본격적으로 상승했다. 2019년에는 서울 아파트를 포함한 주택의 외국인 매수자 중 중국인의 비중이 약 61.2%까지 상승했다.

그런데 왜 외국인들은 이토록 서울에 눈독을 들이는 걸까? 나는 우리가 잘 느끼지 못하는 서울의 브랜드 가치에 주목하고자 한다.

우리에게는 서울이 너무나 익숙하기에 대단치 않은 도시로 보일 수 있다. 하지만 서울은 전통과 최첨단이 공존하는 도시로 도쿄·베이징·상하이·싱가포르 등과 같은 아시아의 주요 대도시로 손꼽힌다. 인구 또한 960만여 명 수준으로(2021년 3월 기준) 전 세계 도시들 중 20위에 해당하며, 20위 내의 도시들을 인구 대비 면적으로 계산한 밀집도로 순위를 다시 매기면, 6위에 해당하는 엄청난 대도시이다.

뿐만 아니라 〈강남스타일〉의 싸이와 세계적인 아이돌그룹 방탄소년단(BTS)이 사는 아름답고 혁신적인 대도시, 그것이 바로 서울의 위상이다.

이런 여러 가지 이유들이 복합적으로 작용하여 과거 제주도의 아름다운 풍광에 투자를 하던 중국인들이 이제는 서울의 가치를 인정하고 서울에 투자를 점차 늘려 가고 있다고 볼 수 있다.

더 신기한 것은 외지인의 서울 아파트 매입 추세와 가격 추세가 비슷한 트렌드를 가져간다는 사실이다. 즉 외지인의 비중이 높아지는 것과 서울 이파트 가격의 상승 간에는 상당한 인과 관계가 있다고 볼 수 있다. 물론 서울의 아파트 가격이 올랐기 때문에 외지인의 비중이 늘었을 수도 있지만, 상승 추세의 유사함은 우리에게 시사하는 바가 분명히 있다.

외국인이나 외지인이 사들이는 서울 아파트 수가 절대량에서 적은데 무슨 의미가 있느냐고 반문할 수도 있을 것이다. 하지만 외국인이나 외지인이 서울에 투자를 하는 경우에는 서울에 사는 사람이 서울 아파트를 사는 것보다는 다소 시간이 필요하다.

외국인이나 외지인의 경우 서울의 어느 지역에 투자를 할지 각종 정보를 취합해 가면서 알아봐야 할 것이고, 집을 보려면 기차나 비행기도 예약해야 한다. 또한 당일에 집을 바로 볼 수 있는 경우가 많지 않기 때문에 중개업소에도 미리 연락해야 하고, 서울에 왔다면 당일치기를 할지 지인 집에서 머물지, 아니면 호텔이나 모텔에서 묵을지도 생각해서 미리 준비를 하고 와야 한다.

대세 상승기가 되면 매물은 순식간에 사라지고 호가는 빠른 속도로 오르기 시작한다. 즉 외국인이나 외지인이 투자하기에는 시차가 있기 때문에 아파트를 싼 가격에 매입하기가 쉽지 않다는 이야기이다. 물론 외국인이나 외지인 중에 가치투자자가 있어서 서울 부동산 시장의 냉각기에 주택을 매입하는 사람이라면 이야기는 달라진다. 하지만 내가 알던 수많은 외지인 투자자들은 대체적으로 급등기에 올라와서 호가를 잡는 경우가 많았다. 즉 외지인과 외국인의 투자는 서울 아파트의 호가를 신고가로 바꿔 놓는 경우가 많을 것으로 추정할 수 있다. 따라서 외지인과 외국인의 투자는 주택의 가격 상승 흐름을 더욱 가속화하는 역할을 하며, 그런 의미에서 외지인과 외국인의 서울 아파트 사랑은 서울 아파트 가격 상승의 중요한 요소로 볼 수 있을 것이다.

서울 내 가구 수 증가

'서울 인구 1,000만 시대의 종말'. 부동산 하락론에서 주로 부각되는 이슈이다. 물론 서울의 인구는 2018년 1,005만 명에서 2021년 3월 현재 964만 명 수준으로 감소했지만, 아래에서 보다시피 가구 수는 계속해서 증가하고 있다.

〈서울시 장래 가구 추계〉

(단위: 천 가구)

연령별	2019년	2020년	2021년	2022년	2023년	2024년	2025년	2020년 대비 2025년 증감률
합계	3,839	3,850	3,862	3,873	3,885	3,895	3,903	101%
19세 이하	19	18	16	16	15	15	15	86%

20~24세	125	123	120	115	109	104	98	80%
25~29세	266	274	281	281	277	272	265	97%
30~34세	300	302	305	317	331	341	349	116%
35~39세	363	344	326	307	295	289	291	84%
40~44세	342	340	342	346	346	340	322	95%
45~49세	426	410	387	366	348	334	333	81%
50~54세	411	413	421	427	429	420	407	98%
55~59세	424	412	397	392	384	396	400	97%
60~64세	381	389	402	402	405	397	389	100%
65세 이상	783	826	864	903	946	988	1035	125%

출처 : 통계청

특이한 사항은 취업 후 분가하는 30대 초반의 가구 수가 계속해서 증가하고 있다는 점이다. 2025년에는 2020년 가구 수 대비 116%에 달할 것으로 예상된다. 전체 가구 수도 2020년의 385만 가구 수에서 390만 가구 수로 증가할 것으로 예상된다.

결론적으로 서울의 인구는 줄어들고 있지만, 가구 수는 계속해서 증가한다는 것을 확인할 수 있다. 이를 통해 그만큼 서울에 집이 더 필요하다는 사실을 유추해 낼 수 있다.

막대한 통화량 증가와 대규모 공사 시작

50조 원 이상의 토지 보상금

2020~2021년의 전국 토지 보상금 규모는 모두 50조 원 수준이며, 그중 수도권에서 40조 원 이상이 풀릴 것으로 예상되고 있다. 이 금액은 이명박 정부가 4대강 사업을 시작하면서 2009년에 34조 8,554억 원의 토지 보상금을 푼 이래 최대 규모이다.

토지 보상을 받으면 지방세 특례에 따라서 1년 이내(농지는 2년 이내)에 인근 부동산을 취득할 때 취득세를 면제받게 되는데, 이런 이유로 보상금이 풀리면 일대 부동산으로 다시 보상금이 흘러들어가 집값을 올리는 불쏘시개 역할을 해 왔다. 따라서 수도권 전체에서 풀리는 40조의 토지 보상금은 다시 서울 아파트를 뜨겁게 만들 것이다.

연도	토지 보상금 지급액
2013년	3조 1,474억 650만 원
2014년	1조 7,112억 3,365만 원
2015년	2조 5,886억 1,940만 원
2016년	2조 7,688억 3,495만 원
2017년	1조 3,882억 4,217만 원
2018년	2조 5,386억 3,381만 원
2019년 1월~9월	1조 3.166억 4,907만 원

출처 : 한국토지주택공사(LH)

대규모 공사의 시작 및 입주

주식에서는 심리가 많이 작용한다고들 하는데, 부동산에서도 주식만큼이나 심리가 중요하다. 몇 년 후의 지하철 개통 호재가 왜 하필 근래 갑자기 부각되는 것일까? 왜 서울시장의 용산 개발 발언 이후 서울 전역의 부동산이 불붙었던 것일까? 이런 것들이 모두 '부동산은 심리'라는 것을 보여 주는 사례들이다.

2020년부터 엄청난 이벤트가 진행되고 있는데, 바로 현대자동차그룹의 신사옥인 글로벌 비즈니스센터(GBC) 착공이다. 서울 강남 한복판에 위치하게 될 GBC는 지하 7층, 지상 105층 규모로 업무시설·숙박관광시설·공연장·관광휴게시설 및 판매시설이 들어설 예정이다.

2014년 한전 부지를 10조 5,500억 원에 매입했으며, 매입한 지 6년 만인 2019년 11월에 서울시로부터 건축허가를 받은 후 2020년 5월 착공 승인을 받아 현재 지반공사가 진행 중이다.

워낙 대규모 공사라 부동산 가격 상승을 우려하여 심의를 지연했다는 이야기도 있었지만, 최근에는 경기가 하락하면서 오히려 GBC를 활용하여 경기 부양을 하려는 움직임으로 바뀌었다. 그만큼 경제적인 파급효과가 큰 건설 공사이다. 부동산 투자자들의 심리를 충분히 자극할 만한 대단한 규모라 할 수 있다. 공사비만 3조 7,000억 원이 투입된다고 하며, 생산유발 효과는 27년간 264조 8,000억 원으로 예상하고 있다. 또 서울시 전체 취업자 수 4분의 1에 해당하는 121만 5,000개의 일자리가 창출될 것으로 전망하고 있다.

또한 GBC 사업에 따른 현대자동차그룹의 공공기여금 1조 7,491억 원의 3분의 1인 6,000억 원을 포함하여 총 1조 3,000억 원이 투입되는 영동대로 광역복합환승센터도 2021년 5월에 착공 예정이며, 잠실 종합운동장 일대 약 35만 ㎡ 용지에 연면적 12만 ㎡에 달하는 마이스(MICE, 기업회의·포상관광·컨벤션·전시회) 시설과 야구장 등 체육시설을 민간자본으로 짓는 2조 5,000억 원 규모의 잠실 마이스 복합개발 사업도 진행될 예정이다.

뿐만 아니라 2021년에 서울에는 파크원 타워, SG타워, 아크로서울포레스트 등 대형 오피스 빌딩이 완공될 예정이다. 입주로 인해 대규모 인원이 이사를 하거나, 혹은 그 주변 일대가 개발됨에 따라서 이 또한 직간접적으로 아파트 가격 상승에 영향을 미칠 수밖에 없다.

결국 강남구 삼성동을 중심으로 한 대규모 공사 시작으로 인한 온기는 아파트의 가격 상승을 유발할 것이고, 이는 점차 서울 전역으로 확대될 것이다. 중심 도심의 개발은 지방 수요를 서울로 빨아들이는 빨대효과의 역할을 하게 된다.

공시가격의 현실화

1989년부터 정부는 공동주택, 단독주택, 표준지에 대해서 공시가격을 조사하여 발표하고 있다. 공시가격은 공동주택이건 단독주택이건 표준지이건 간에 모두 땅의 가격을 뜻한다. 공시가격을 현실화하려는 것은 비싼 땅을 가지고 있는 사람들에게 세금을 더 많이 걷기 위한 방편이기도 하다. 또한 '공시가격의 현실화'라는 말을 바꿔 말하면, '땅의 정부 공인 가격을 올리겠다'는 말이 된다.

그런데 가격을 올리면 어떤 일이 발생할까? 우선 앞에서 언급한 토지 보상금을 생각해 보자. 평당 1만 원이 공시가격이었는데 1만 2,000원으로 20% 상향되었다고 하면 세금은 많이 걷을 수 있겠지만, 토지 보상을 해 줄 때는 역으로 20% 상향된 금액으로 토지 소유자에게 보상해야 한다. 즉 그만큼 시장에 돈이 더 많이 풀리게 되는 것이다.

재건축이나 재개발의 경우, 공시되는 땅값이 많이 상승했기 때문에 (분양가 상한제와 무관하다고 가정하면) 분양가는 더욱 높아지고, 조합원의 이익이 더 많아질 수밖에 없다.

정부에서는 1년에 한 차례 공시가격을 발표하는데, 아파트 같은 경우에는 하방경직성(당연히 내려가야 하는 가격이 어떠한 이유로 가격이 내려가지 않는 현상)이 생길 수도 있다. 예를 들어 시세가 10억 원인 아파트의 공시가격이 6억 5,000만 원에서 계속 상승하여 8억 5,000만 원까지 올라가게 되면 가격이 급격히 하락하더라도 하방경직성이 생겨서 8억 5,000만 원 이하로 내려가기가 쉽지 않은 것이다.

실거래가 신고 기간 단축으로 인한 빠른 시세 반영

부동산 매매 시 거래 당사자 또는 중개업자는 계약 체결일로부터 30일 이내에 실제 거래가격을 시장, 군수, 구청장에게 신고해야 하는데, 이를 '부동산 실거래가 신고제'라고 한다.

보통은 매매 거래가 성사되면 부동산 중개인이 실거래가 신고를 대신 해 줬기 때문에 거래 당사자가 신경 써야 하는 경우는 많지 않았다.

그리고 원래는 60일 내에 실제 거래가격을 신고하던 것을 2019년 8월 4일 「부동산 거래신고 등에 관한 법률」 개정안이 의결되면서 2020년 2월부터 30일 이내에 신고해야 하는 것으로 단축되었다. 또한 실거래가를 지연 또는 허위 신고를 하면 각종 과태료가 부과되도록 해두었기 때문에 실거래가를 지연 신고하는 경우도 많이 줄어들고 있다. 그럼 부동산 실거래가 신고제 기간 단축이 갖는 의미가 뭘까?

실거래가는 국토교통부 실거래가 공개시스템(rtms.molit.go.kr)을 비롯해 한국감정원 부동산통계시스템(www.r-one.co.kr), KB 부동산 리브온(onland.kbstar.com) 등에 공개되어 있다. 모두가 클릭 몇 번으로 손쉽게 들여다볼 수 있고, 심지어는 실거래가가 공개되면 바로 알람을 통해 알려 주는 애플리케이션도 있다.

정보의 공개 범위에 따라서 사람들의 행동은 달라진다. 예를 들어 2000년대 초반까지만 하더라도 경매 매물에 대한 정보가 잘 공개되어 있지 않아 그 정보를 가지고 있는 사람만이 경매에 참여하는 경우가 많았다. 하지만 지금은 다양한 유무료 온라인 사이트를 통해 매물 정보가 실시간으로 공개되고 있다. 정보가 이렇게 다수에게 신속하고 광범위하게 공개되면 이전보다 더 많은 사람들이 그 시장에 참여하게 되어 경쟁 또한 치열해질 수밖에 없다. 실거래가도 마찬가지이다.

60일 동안 거래된 실거래가를 신고하지 않는다면, 그 사이에 금액이 얼마나 요동쳤는지 알기가 어렵다. 60일이 어떻게 보면 짧은 기간일 수 있지만, 아파트 가격이 상승하는 시점이라면 수억 원이 오를 수도 있는 기간으로 충분하다. 따라서 그 기간 동안 누군가는 손해를 보고, 누군가는 이익을 보고 거래를 하게 될 수도 있는 것이다.

그럼 그 60일 동안 누가 실거래가 신고를 하지 않길 바랄까?

우선 부동산 중개업자들이다. 가격이 오르면 수요가 줄어들어 결국은 거래 성사에 많은 영향을 미치기 때문이다. 따라서 아무리 신고가를 갱신한 매매 가격이 나타났을지라도 최대한 매매가를 늦게 신고해야 매도자나 매수자의 심리에 영향을 미치지 않는다. 신고가가 실거래가로 올라가는 순간, 매도자는 가격을 더 올리려고 할 것이기 때문이다.

그럼 매도자 입장에서도 생각해 보자. 가격이 하락하는 순간에는 매도자도 본인 집 그리고 다른 집의 실거래가가 전산에 올라오길 바라지 않을 수 있다. 이미 가격이 하락해서 거래되었다는 것을 확인했을지라도 실거래가가 올라오지 않았다면 기존의 높은 가격으로 거래할 가능성이 없는 것은 아니기 때문이다. 때로는 매수자 또한 실거래가가 빨리 올라오는 것을 바라지 않는 경우도 있다. 본인 매물보다 다른 매물이 더 비싸게 매도된 것을 확인한 매도자가 매수자에게 계약을 파기하자고 하거나 금액을 좀 더 달라고 하는 등의 요구를 할 수도 있기 때문이다.

즉 정보의 비대칭성으로 인하여 누군가는 이득을 볼 수도 있고, 손해를 볼 수도 있다. 상황에 따라 실거래가를 늦게 올리는 것을 바라는 사람은 달라질 수 있다. 법 개정으로 실거래가가 60일에서 30일로 줄어들었고, 지연 신고로 인한 과태료를 우려하여 그 30일보다 더 이전에 일찍 실거래가를 올리는 중개인도 많을 것이다. 이는 과거와는 달리 실거래가의 정보가 엄청나게 빠른 속도로 대중에게 공유된다는 것을 의미한다.

가격이 하락할 때는 가격이 계속해서 하락하여 거래된다는 정보가 공유될 것이고, 가격이 상승할 때는 또 그 반대일 것이다. 상대적으로 가격 하락보다는 가격이 상승할 때 조바심을 내며 매수하는 사람들이 많다는 것을 고려해 볼 때, 상승할 때는 실거래가가 엄청나게 빠른 속도로 올라갈 수 있다는 것을 쉽게 유추할 수 있다.

모든 것을 공개하는 것이 공평하고 좋아 보일 수 있겠지만, 결국은

이 또한 엄청난 주택 가격 상승 압력을 가져올 또 하나의 중요한 요소라고 할 수 있다.

저금리, 저성장 시대에 해야 할 일

지금은 저금리, 저성장 시대다.

그럼 먼저 투자자 관점에서 봤을 때, 저금리 시대에 해야 하는 것은 무엇일까?

금리가 낮으니 예적금을 넣는 것은 자산을 늘리는 데 큰 의미가 없다. 그러므로 지금 해야 할 일은 저금리의 대출을 활용하여 본인에게 맞는 투자를 하는 것이다. 그렇다면 저성장 시대에 해야 하는 것은 무엇일까?

우리나라는 수출 중심의 경제 구조를 가지고 있다. 외부 의존도가 대단히 높기 때문에 정부가 경기부양을 위해서 할 수 있는 카드가 거의 없다. 그나마 정부가 할 수 있는 거의 유일한 경기부양 카드가 부동산이다. 결국 정부에서는 경제성장률이 하락하면 이를 상승 전환시키기 위해서 각종 부동산 투자 정책을 사용할 수밖에 없다. 즉 돈이 흘러 들어갈 곳은 부동산이라는 이야기이다. 토지 보상금이나 GBC 착공과 일맥상통하는 내용이라 할 수 있겠다. 따라서 저성장 시대일수록 더욱 더 자산 가치에 투자를 해야 한다.

저성장이기 때문에 대규모 공사가 진행되고, 돈이 풀리며, 그래서 자산 가치가 오를 수밖에 없다. 결론적으로 저금리, 저성장 시대에 해야 할 것은 본인의 여력이 되는 한도로 대출을 빌려서 대규모 공사가 진행될 곳의 자산을 매입하는 것이 가장 단순하지만, 최고의 전략이라고 볼 수 있다.

CHAPTER 3

어떻게
투자해야 하나

향후 몇 년간 서울 아파트 가격이 왜 급등할 수밖에 없는지에 대해 이야기
했으니, 그렇다면 그 아파트들을 직접 사고팔고 해야 하지 않겠는가? 이번
에는 서울의 아파트를 언제, 어떻게 매도하고 매수해야 수익을 극대화할
수 있는지 그 방법을 알려 주고자 한다.

올바른 아파트 투자

아파트를 사기 전부터 팔 때를 생각하라

아파트를 매수하고 나서 향후에 어떻게 수익을 극대화할지를 물어보는 사람들이 많다. 그런데 이미 매입을 했다면, 안타깝게도 별다른 조언을 해 줄 수 없는 경우가 대부분이다.

많은 부동산 투자 초보자들이 단순히 친구가 특정 지역의 아파트를 산다고 해서 따라 사거나 지인으로부터 좋다고 추천받아서 사는 경우가 많고, 아파트가 있는 상태에서 추가적으로 아파트를 구입하게 되면 양도소득세가 중과된다는 걸 전혀 모르는 경우도 많기 때문이다. 이때 어쩌다 운이 좋아 세금을 많지 내지 않고 그냥 넘어가는 수도 있지만 (일시적 1가구 2주택), 대부분은 기존에 가지고 있는 아파트를 매도할 때

세금을 엄청나게 내야만 한다. 따라서 정부의 부동산 정책이나 세금 문제 등에 대해 사전에 충분히 공부해 놓을 필요가 있다. 아파트를 사기 전부터 팔 때를 생각해야 하는 것이다.

특히 1주택에서 2주택으로 주택 수를 늘려 가는 과정에서 가장 주의해야 한다. 1주택자는 2년 동안 그 집에 거주할 경우 매도 가격이 9억 원 이하면 비과세 혜택을 받을 수 있다. 하지만 여윳돈이 있다는 이유로 아무곳에나 1채를 더 매입하게 되면 2주택자로 비과세 혜택을 누릴 수 없게 되는 경우도 있다.

예를 들어 5년 전에 A 아파트를 4억 원에 매입했는데 가격이 올라 현재 10억 원이 되었다. 그리고 여유자금 3억 원으로 투기과열지구인 서울에 B 아파트를 1채 더 구입했다고 가정해 보자.

이런 경우 일시적 1가구 2주택이 되는 것이 아니라, 새로 구입한 B 아파트로 들어가서 살지 않으면 그냥 단순히 2주택자로 인정된다. 그리고 설령 B 아파트로 들어가 살더라도 A 아파트가 9억 원을 초과했으므로 A 아파트를 처분하더라도 비과세 혜택을 받지 못한다. 물론 차후에 B 아파트를 먼저 매도하여 다시 1주택자로 복귀한 후 A 아파트를 매도하는 전략이 있긴 하지만, 이건 너무 복잡하다.

따라서 이런 세금 문제 등은 아파트를 추가적으로 매입할 때부터 충분히 고려해야 한다.

다주택자라면 매도 순서, 임대 여부 등을 반드시 고려해야 할 것이고, 그 외 대출 여부, 보유 기간 등도 생각해 봐야 한다. 가격은 오르락내리락하면서 우상향을 그리겠지만, 매도해야 할 시기는 집집마다 다르기 때문이다.

LTV, DTI가 적정 대출 수준

적정 레버리지는 상황이나 처지에 따라 개인마다 다르다. 하지만 지금은 정부에서 LTV, DTI를 정해 두고, 그 범위 안에서만 담보대출을 허용해 주고 있다. 따라서 LTV, DTI 계산을 통해 나온 대출 한도를 적정 레버리지라고 보아도 무방하다.

저금리 기조는 당분간 꺾이지 않을 것이며, 서울 아파트는 누차 이야기한 것처럼 앞으로도 계속해서 우상향할 것이다. 따라서 자산 증가와 노후 준비 등을 위해서는 스스로 감당할 수 있는 수준 내에서 레버리지를 최대한 일으켜 서울 부동산에 투자하는 것이 최고의 전략이다.

2017년 8·2 부동산 대책 때는 투기과열지구, 투기지역의 LTV가 60%에서 40%로, DTI는 50%에서 40%로 감소하였고, 2019년 12·16 대책 때는 9억 원 이상 주택은 LTV 20%, 15억 원 이상 초고가 아파트는 주택담보대출이 전면 금지되었다. 이는 현재의 LTV로 대출받는 것은 무리하는 수준이 아니라는 이야기의 반증이라고 볼 수 있다.

과거 아파트 구입 시에는 주택담보대출 이외에도 임대사업자대출, 매매사업자대출, 법인사업자대출 등이 있었지만, 이제는 대부분 중단된 상태다.

은행 직원에게 들은 이야기로는 예전에 많은 임대사업자들이 압구정 현대아파트 등 고가주택을 70~80%(20억~30억 원) 대출받아서 매입했다고 하던데, 정부의 강력한 규제가 있기 전 이렇게 리스크를 안고 공격적으로 투자한 그들이 지금쯤 진정한 승자가 되어 있지 않을까 생각한다. 서울에서 LTV가 더 줄어들기 전에 40% 수준으로 대출받는 것은 무리가 아니라는 이야기다.

부동산 사장님은 최고의 파트너

나는 좋은 중개인을 만나 해외에서도 아파트를 매입한 적이 몇 번 있었는데, 방법은 이렇다.

우선 사고 싶은 지역 및 아파트를 시세 등을 확인해 추려 내고, 네이버 알람을 해 둔다.

그리고 만약 급매로 나온 매물이 있으면 부동산 중개업소에 전화를 해 해외라서 지금 당장 방문할 순 없지만, 매입 의사가 있음을 밝힌다. 그러면서 혹시 사고자 하는 집을 부동산 중개인이 방문해 사진이나 동영상 촬영이 가능한지 묻고, 만약 가능하다고 하면 그것을 받아 보고 집 상태를 확인한다. 여기서 중요한 포인트는 "사장님 믿고 진행할게요"라는 말을 몇 차례 하여 부동산 중개인으로 하여금 부담을 느끼도록 만드는 것이다. 중개인도 사람인지라 이런 말을 들으면 더욱 꼼꼼하게 집에 대해 살펴보고, 계약 또한 무조건 성사시키려고 무리하지 않는다.

이런 과정을 거쳐 그 중개인에게서 신뢰가 느껴지고, 해당 아파트의 층과 향(向), 위치 등이 나쁘지 않으면 해외에서 바로 가계약금을 보냈다. 그러고는 거래 당일에 과일 상자 같은 선물꾸러미를 들고 부동산 중개업소를 조금 일찍 찾아가 여러모로 신경 써 주셔서 감사하다고 인사하는 것으로 관계를 공고히 다졌다.

이렇게 신뢰가 쌓여 중개인이 나에게 돈을 무이자로 빌려준 적도 있었다.

보통 아파트를 매입하고 나서 신규로 전세를 맞추는 경우가 많았는데, 집 상태가 좋지 못해 수리가 필요한 집들도 있었다. 이런 경우에는 매도인에게 매매 잔금을 주고 나서야 집수리에 들어갈 수 있다. 잔금을 주기 전까지는 해당 아파트에 대한 소유권이 아직 나에게 넘어온 상태가 아니기 때문이다.

그래서 보통 들어오는 세입자와 계약하는 날 받은 돈으로 그 매매 잔금을 치르는데, 간혹 세입자를 그때까지 구하지 못할 때가 있다. 이럴 경우에는 부득이 매매 잔금을 먼저 치러야 하는데, 이때 내 돈이 부족하게 되면 중개인이 그 잔금을 내주었던 것이다. 그러고 나서 이후에 신규 세입자를 구하면 그때 돈을 받아서 중개인에게 갚았다.

부동산 중개인들은 모두들 한결같이 "아들 같다"고 하며 적게는 4,000만 원에서 많게는 2억 원까지도 빌려주셨는데, 그게 바로 중개인과 나 사이에 쌓인 신뢰 덕분이라고 생각한다.

또한 중개인에게 복비를 두 배 준다고 하고, 아파트 매입 가격을 깎기도 한다. 두 배로 나가는 복비는 200만~300만 원 정도로 많은 것 같지만, 대신에 아파트를 1,000만~2,000만 원 저렴하게 살 수 있다는 이점이 있다. 빠른 매도를 진행하는 경우에도 이렇게 한다.

물량이 많이 쌓여 있어서 매도가 쉽지 않거나, 집 상태가 제대로 인테리어 되어 있지 않아서 좋은 가격을 받기 어려운 경우에도 중개인의 역할은 매우 중요하다.

총자산이 중요한 이유

총자산은 순자산에 대출과 전세보증금 등을 더한 자산의 총합 개념이다. 사람들과 이야기를 하다 보면 보통 대출금과 전세보증금 등을 제외한 순자산을 더 중요하게 여기는 경향이 있는데, 이는 대출금이나 전세보증금 등은 내 돈이 아니라고 생각하기 때문이다. 하지만 순자산만으로 총자산을 늘려 가는 데는 한계가 있다. 따라서 대출금이나 전세보증금이 비록 지금 내 수중에 있는 돈은 아니지만, 반드시 총자산을 늘려 가는 데 있어 동반되는 중요한 자산임을 인식하는 것이 좋다.

10억 원의 아파트를 대출 없이 보유하고 있는 A 씨, 그리고 15억 원의 아파트를 5억 원 대출받아 매입한 B 씨. 아파트 값이 동일하게 두 배씩 올라서 몇 년 만에 A 씨의 아파트는 20억 원이 되었고, B 씨의 아파트는 30억 원이 되었다고 해 보자. 그러면 A 씨의 순자산은 대출이 없기에 그대로 20억 원에 그치지만, B 씨의 순자산은 24억 원(아파트 값 30억 원-대출 5억 원-이자 1억 원)이 된다. 결국 총자산이 크면 차후에 순자산도 커질 가능성이 매우 높다.

따라서 전세를 끼고 아파트를 매입하며 그 주택 수를 늘려 가든, 대출을 더 받아서 비싼 아파트를 구입하든지 간에 가능한 한 총자산을 늘릴 수 있는 방향으로 움직여야 몇 년 후 순자산의 규모도 함께 늘어나게 된다.

단, 2020년부터 전세보증금도 '간주임대료'라는 명목으로 과세하고 있다는 점을 주의해야 한다. 즉 전세금을 임대료를 받는 것으로 간주하여 전세금에 이자율을 계산하여 소득세를 부과하는 것이다. 따라서 전세 낀 아파트를 매입하고자 할 때 소득세를 어느 정도 납부하게 될 것인지 사전에 확인이 필요하다. 가능하면 인별로 2,000만 원 소득 이하로 간주임대료가 결정되는 것이 좋은데, 그 이유는 2,000만 원을 넘어가면 합산과세가 되고, 2,000만 원 미만이면 분리과세와 합산과세 중 선택할 수가 있기 때문이다.

합산과세란 현재 발생하는 기타 소득과 합산하여 과세금액을 결정한다는 것이고, 분리과세는 기타 소득이 얼마든지 간에 분리하여 단순히 14% 세율을 매겨 해당 부동산의 소득세를 과세하는 것이다.

- 간주임대료 계산식

  (보증금 등 – 3억 원)×60%×대상기간일수 / 365일(윤년 366일) – 2.1%(기획재정부에서 발표하는 정기예금이자율)

  – 소득세법 제25조, 소득세법 시행령 제53조 참조
  * 소형주택(주거 전용면적 40㎡ 이하이면서 기준시가 2억 원 이하)는 간주임대료 과세 대상 주택에서 제외(2021년 귀속분까지)

부동산 증여 시대

아파트 가격이 계속해서 상승함에 따라 자산 또한 늘어난다. 그런데 자산이 늘어났기에 자식에게 그 아파트를 증여하고자 할 때는 세금이 많이 나올 수밖에 없다. 그래서 이제는 어떻게 하면 세금을 덜 내면서 부동산을 증여할지에 대해 많은 고민들을 해야만 한다.

요즘은 국토교통부, 금융위원회, 행정안전부, 서울특별시 등이 합동 조사를 통해 편법 증여나 허위 신고를 찾아내서 세금과 과태료를 물리고 있는 실정이다. 따라서 정정당당하게 자녀에게 증여를 하면서도 합법적으로 그 금액을 줄이는 방법을 알아 두는 것이 유용할 것이다.

부동산, 현금 등을 생전에 자식들에게 주게 되면 증여세를 내야 하고, 사망 후 물려주는 경우에는 상속세가 발생한다. 증여세율과 증여 대상에 따른 면제 한도는 다음과 같다.

〈증여금에 따른 세율〉

증여 금액	세율	누진공제
1억 원 이하	10%	–
2억 원 이하	20%	1,000만 원
10억 원 이하	30%	6,000만 원
30억 원 이하	40%	1억 6,000만 원
30억 원 초과	50%	4억 6,000만 원

<h2>〈증여 대상에 따른 면제 한도(10년 합산금액)〉</h2>

대상	금액	비고
배우자	6억 원까지	사실혼은 인정되지 않으며, 반드시 혼인 관계에 있어야 함
직계존비속 성인	5,000만 원까지	-
직계존비속 미성인	2,000만 원까지	-
기타친족	1,000만 원까지	6촌 이내 혈족과 4촌 이내 친인척

위의 공식을 다음과 같은 사례들에 적용해 볼 수 있다.

먼저 자녀가 태어났을 때 2,000만 원까지는 비과세이므로 2,000만 원을 증여한다. 또 자녀가 11살이 되면 10년이 지났기 때문에 다시 2,000만 원을 비과세로 증여할 수 있다. 그리고 다시 10년이 지나서 22살이 되면 미성년이 아니므로 5,000만 원까지 비과세로 증여를 할 수 있다. 즉 22살까지는 9,000만 원 되는 돈을 비과세로 증여할 수 있다는 이야기이다. 그러고 나서 1억 원을 증여하면 1,000만 원만 과세된다. 1억 8,000만 원을 증여하고 나서 그 금액으로 자식은 매매가와 전세가가 얼마 차이 안 나는 약 5억 5,000만 원 정도(6억 원 이하의 아파트에 대해 LTV를 최대 70%까지 적용받을 수 있으므로) 되는 아파트를 매입할 수 있다. 그리고 몇 년 후에 시세가 상승하면 자식은 그 차익만큼 또 자산으로 늘릴 수 있다.

이런 경우도 있을 수 있다.

올해 20살로 성인이 된 자식이 있는데, 자식의 미래를 위해서 뭔가를 좀 해 주고 싶다는 마음에 과감하게 1억 원을 증여한다. 5,000만 원까지는 직계존속 성인으로 비과세되고, 남은 5,000만 원에 대하여 세율 10%, 즉 500만 원을 세금으로 납부한다. 그렇게 되면 9,500만 원을 증여하는 셈이 된다. 그러고 나서 1억 원의 금액을 차용증을 쓰고 공증을 받아 부모가 자식에게 빌려준 돈이라는 것을 확실히 증빙한다. 그럼 이제 증여받은 9,500만 원과 부모에게 빌린 1억 원 해서 총 1억 9,500만 원이 자식에게 생긴다. 그 돈으로 앞 사례와 마찬가지로 5억 ~5억 5,000만 원 되는 아파트를 전세를 끼고 매입한다. 자식은 향후 직장생활을 하면서 부모님에게 빌린 1억 원을 틈틈이 갚아 나가고, 만약 시세차가 많이 발생하게 되면 아파트를 매도하여 부모님께 빌린 돈을 상환하고, 차익은 자신이 갖는다.

이밖에도 다양한 사례가 있겠지만, 간단히 증여세율과 면제 한도만 알면 이처럼 혼자서도 미래에 대한 재무설계를 쉽게 할 수 있다. 물론 증여세 신고 이외에 부모 자식 간의 차입금은 차후 세무당국에 명확히 설명할 수 있도록 정리해 두고, 실제로도 갚아 나가야 불시에 나오는 세무조사에 당황하지 않을 수 있다.

아파트를 사는 시기와 방법

어디를 살 것인가

샐러리맨이 서울에 실제 거주할 아파트를 구입한다고 가정하고, 하나씩 생각해 보자.

거주할 아파트는 무엇보다 교통이 편리해야 한다. 따라서 지하철역과 가까운 곳이 으뜸이다. 버스정류장과 가까운 곳도 고려해 볼 수 있지만, 버스는 기다리는 시간과 교통 상황에 따라 도착 시간이 달라질수 있고, 또한 어르신들 같은 경우 버스의 급발차와 급정거 등으로 다소 위험할 수도 있다. 지하철은 그런 면에 있어서 아주 탁월한데, 특히시간 예측이 된다는 것은 그만큼 시간을 효율적으로 활용할 수 있다는 장점으로 작용한다.

그래서 지하철을 도보로 이동할 수 있는 역세권이야말로 정말 권장할 만하다. 그런데 '지하철역에서 500m' 이렇게 숫자로 표현되는 거리보다 실제로 지하철역까지 걸어 다니기에 괜찮은지가 중요하다. 눈이 오든지 비가 오든지 간에 날씨와 상관없이 걸어 다녀도 무리가 없는 곳 말이다. 지역에 따라서는 지하철역과 거리는 아주 가깝지만, 경사가 심해서 겨울철에 눈이라도 내리면 걷기가 어렵다든지 혹은 비가 오면 빗물이 고여서 차량의 구정물 세례를 받을 수 있는 골목길이 많다든지 한다면 역세권에서 과감히 배제하는 것이 좋다. 결론은 언제든지 지하철역까지 걸어 다니기에 무리가 없는 곳이 바로 역세권이라는 것이다.

그럼 이제 서울 지하철 노선도를 펼쳐 보자. 그리고 살고 싶은 곳을 지하철역을 중심으로 몇 개 찍는다. 회사 출퇴근하기에 교통이 편리해서 살고 싶을 수도 있고, 혹은 친구 따라서 강남 간다고 단순히 강남이라서 살아 보고 싶을 수도 있다. 또는 아이들 학교 때문에 명문 학군지에 살고 싶을 수도 있다.

그렇게 지하철 노선도를 보고 지하철역을 몇 개 찍었으면, 이제는 어떤 아파트가 있는지 알아볼 차례다. 필자가 애용하는 '호갱노노' 애플리케이션을 다운로드 받아서 지하철역 이름을 쳐 보자. 그리고 필터링 기능을 이용해서 본인의 가용금액 및 본인이 생각하는 몇 가지 주요 항목을 입력한다. 예를 들어, 500세대 이상, 6억~8억 원 사이, 생활근린시설 등등.

그러면 몇 개의 아파트가 나온다.

매물이 빠르게 올라오는 네이버 부동산(land.naver.com)에서 해당 아파트를 검색해 보자. 거기에 평형을 넣으면 매물이 나타난다.

이런 식으로 검색해서 살 곳을 정하면 되는데, 그럼에도 불구하고 만약 어느 지역을 사야 할지 아직 마음을 정하지 못했다면 무조건 뉴스를 통해 들어서 아는 익숙한 곳을 매입하면 된다. '강남 4구(강남, 서초, 송파, 강동)'나 '마용성(마포, 용산, 성동)'이면 괜찮다. 그곳의 시세가 가장 빨리 올라가고, 앞으로도 가장 빨리 올라갈 곳들이기 때문이다. 그런 곳들을 중심으로 매물을 찾아보면 후회하지 않을 것이다.

어떻게 살 것인가

이렇게 매물 검색을 통해 마음에 드는 아파트들을 찾았다면 모두 직접 가서 눈으로 확인하는 것이 제일 좋다. 하지만 그러기에는 시간이 너무 많이 걸리므로 이럴 때는 일단 손품을 파는 것도 좋은 방법이다.

손품은 '호갱노노'에 나와 있는 게시글이나 댓글들을 읽어 봐도 좋고, 그 지역 맘까페에 가입하여 '○○아파트'를 검색 후 게시글을 확인하거나 직접 해당 아파트에 관한 질문을 올려서 답변을 받아 보는 것도 좋다. 개인적인 경험을 말하자면, 게시글에 대한 무플은 아예 사람들 관심 자체가 없다는 것이기 때문에 해당 아파트의 매력도가 상당히 낮다는 것을 뜻하는 경우가 많았다. 따라서 그 아파트가 검색이 안 되거나 질문을 올렸는데 무플인 경우에는 과감히 거르는 것이 좋다고 생각한다. 오히려 악플이 많이 달리는 경우에 의외로 가격 상승률이 상당히 높은 아파트들이 많은데, 이는 그만큼 해당 아파트를 견제하고 시기한다는 의미로 풀이할 수도 있는 것이다.

이렇게 아파트를 몇 개 추리고 나서는 해당 아파트의 매물들을 올린 중개업소에 전화를 한번 해 본다. 이때 중요한 것은 진짜 이사를 간다고 생각하고 자신감 있게 전화를 하는 것이다. 부동산 중개인은 하루에도 수많은 사람들을 상대하기 때문에 통화를 하면 바로 이 사람이 실제로 거래할 마음이 있는지 없는지를 감으로 안다. 그래서 자신감 있게 실제 매수자로 빙의하여 전화를 하는 것이 중요하다.

"안녕하세요. ○○아파트 △△원으로 네이버에 올리셨던데 이사를 생각하고 있거든요. 매물을 좀 볼 수 있을까요?"

그리고 나서 이번에는 매도자 입장이 되어 다른 중개업소에 전화를 해 본다.

"안녕하세요, XX아파트 XX동에 사는 집주인인데요. 지금 급하게 이사를 가야 해서 집을 좀 내놓으려고 하는데 대략 얼마쯤 받을 수 있을까요?"

매도자로서 전화를 하는 때에는 급매로 팔 수 있는 가격 등을 구체적으로 물어보는 것이 중요하다. 한두 군데 중개업소와 통화를 해 보면 급매 가격이 어느 정도인지 감이 올 것이다.

단 여기서 주의해야 할 게 너무 많은 부동산 중개업소에 전화를 할 경우, 매수인이 많다고 오인하여 오히려 아파트 가격을 올려 버리는 경우도 발생할 수 있기 때문에 실제 거래 전에 전화하여 확인하는 것은 최소한으로 하는 것이 좋다. 전화로 확인코자 하는 것은 요즈음 시장 분위기와 가격 흐름 정도이다.

언제 살 것인가

이제 공인중개사와의 통화를 통해서 해당 지역이 아직은 매수세가 높지 않고, 가격도 그렇게 많이 오르지 않고 있다는 것을 알게 되었다. 손품과 몇 통의 전화로 파악한 것이기 때문에 100% 신뢰하기는 어렵지만, 요즈음 시장 분위기를 파악하는 데 큰 도움이 되었을 것이다. 이제는 실거주자로서 매수하는 가격이 중요한데, 그럼 언제 아파트를 싸게 잘 살 수 있을지 한번 생각해 보자.

물론 단순히 중개업소에 전화를 해서 가격을 물어보거나 네이버 부동산에 나와 있는 호가가 나에게 적절한 가격인지 판단하면서 매수 타이밍을 잡을 수도 있다. 하지만 온라인에는 정말 좋은 자료들이 널려 있고, 그것에 대해 조금만 이해를 한다면 더욱 쉽게 매수 타이밍을 잡을 수 있다.

간단히 주로 사용되는 차트에 대해서 이해를 하고 넘어가자.

KB국민은행이 운영하는 KB부동산 리브온(onland.kbstar.com), 한국감정원의 부동산통계정보시스템(www.r-onc.co.kr), 미래에셋이 운영하는 부동산114(www.r114.com)가 차트를 보여 주는 대표적인 사이트들이다. 애플리케이션으로 깔아서 모바일에서도 볼 수 있지만, 시계

열로 나오는 자료는 아주 방대하므로 모바일보다는 컴퓨터로 보는 것이 좋다.

한국감정원과 부동산114 등의 자료도 모두 살펴보고 비교해 보면 좋겠지만, 매입하기 전에 전체적인 시장가격에 대한 흐름 파악 정도를 하라는 것이지, 차트 전문가가 되라는 것은 아니기에 KB부동산만 봐도 충분하다. 이 자료는 국민은행이 주택은행과 합병하기 이전인 1986년도부터 주택가격을 조사하여 공표를 해 왔기 때문에 현재도 아주 널리 사용되는 자료다.

KB부동산에 접속해 뉴스/자료실의 통계/리포트 화면으로 들어간다. 그중 가장 많이 활용되는 자료가 '주간 KB주택시장동향'과 '월간 KB주택가격동향'이다. 과거부터 현재까지의 데이터 추이를 매주, 매월 보여 준다. 그런데 이 데이터는 과거에 대한 데이터이다. 그리고 우리가 알고 싶은 것은 '미래에 아파트 가격이 어떻게 될 것인가?' 하는 것이다.

기간별로 된 차트를 보다 보면 일정한 패턴이 있다는 것을 알 수 있다. 예를 들어서 계속 보합 중이던 아파트 가격이 갑자기 반등하여 상승으로 바뀌면서 상승폭이 더 커진다든지, 혹은 상승하던 아파트가 갑자기 하락으로 돌아선다든지 하는 것들 말이다. 전주 대비 상승률이 1주차 0.1% → 2주차 0.3% → 3주차 0.5%라면, 그럼 4주차에는 어떻게 변할까? 0.3%로 상승률이 전주 대비 약간 꺾여서 0.2%포인트 떨어질 수도 있고, 혹은 0.5%로 전주와 동일할 수도 있다. 그렇지만 갑자기 -0.5%로 전주 대비 상승률이 갑자기 급격히 꺾이는 경우는 거의 없다. 부동산 매매가는 일정한 관성이 있기 때문이다. 물론 금융위기 같은 엄청난 이슈가 있는 경우에는 예외적으로 급격한 가격 하락이 올 수 있지만, 그런 경우는 거의 드물다. 따라서 우리는 과거 차트를 보고도 미래를 대략적으로 그릴 수 있다.

그럼 다시 이야기로 돌아와서 아파트를 언제 사야 할까?

하락을 보이던 차트가 반등을 하며 상승으로 돌아섰을 때, 혹은 상승률을 더 키우려고 할 때이다. 그럴 때는 어떤 요인 때문에 가격 상승폭이 더욱 커졌는지 살펴보고 빠르게 매수에 들어가야 한다. 만약 그 타이밍을 놓치면 최소 수천에서 수억 원까지 갑자기 가격이 오르는 상황이 단기간에 펼쳐질 수도 있다.

아파트를 살 때 주의할 점

같은 아파트임에도 불구하고, 비싼 가격에 나온 아파트와 싼 가격에 나온 아파트의 차이는 뭘까? 비싼 아파트가 무조건 좋은 걸까? 아니다. 결론을 말하면 그건 편견이다. 따라서 무조건 비싼 매물이 상태가 더 좋을 것이라는 생각은 버리는 것이 좋다.

아파트는 모양은 같을 수 있지만, 동이나 층, 향에 따라서 모든 조건이 제각각이다. 가격 또한 집주인이 직접 내놓은 것인지, 중개업소를 통해 내놓은 것인지에 따라 달라질 수밖에 없다. 따라서 완전 동일한 조건을 가진 아파트는 존재할 수가 없는 것이다. 그렇기 때문에 본인에게 맞는 조건을 정해서 아파트를 가능한 한 많이 보는 것이 좋다.

아파트를 방문할 때는 무조건 불변하는 조건을 중심으로 봐야 한다. 남향인지 동향인지, 투베이인지 쓰리베이인지, 햇볕은 잘 드는지 등 본인이 이사를 와도 바꿀 수 없는 조건들이다. 집을 볼 때 많이들 중요시하는 인테리어는 단지 껍데기에 불과하다. 인테리어를 한(흔히 '올수리'라고 표현하는) 집은 매도자가 그 비용을 매도 가격에 포함하여 팔려고 하는 경우가 많기 때문이다. 그렇기 때문에 인테리어 안 한 집을 싸게 사서 내가 수리하는 편이 훨씬 더 만족스럽다. 인테리어를 굳이 따진다고 하면 가장 비싼 금액을 차지하는 새시가 되어 있는지, 베란다나 작은 방 확장은 되어 있는지, 그리고 단열은 잘 되어 있는지 정도만 체크하면 된다.

또한 집에 세입자가 살고 있는 경우에는 세입자에게서 많은 정보를 얻을 수 있다. 직접 살아보지 않고는 알 수 없는 층간 소음이나 주변 환경의 문제점 등에 대해서 세입자에게 정중히 물어본다면 조언을 해줄 확률이 높다. 그런데 계약되기 전까지는 세입자의 연락처를 알 수가 없다. 즉 공인중개사와 함께 직접 집을 방문하는 시간만이 유일하게 세입자와 이야기를 할 수 있는 시간이므로, 아파트 방문 전에 간단히 세입자에게 질문할 것들을 준비해 가는 것이 좋다. 층간 소음은 없는지, 밤에 혹시 개가 짖는 소리가 들리지는 않는지, 겨울에 춥지는 않은지, 혹은 햇볕은 잘 드는지 등등을 물어보면 된다.

이렇게 둘러본 집이 마음에 들고, 대출 등 금전적인 것도 문제가 없다고 하면 가계약금을 두둑하게 보내야 한다. 아파트 가격이 상승기에

돌입하면 몇 주 만에도 수천만 원 이상 올라가는 경우가 흔하기 때문이다. 이때는 가계약금의 두 배를 상환하고 매도자가 계약을 파기하는 경우도 많으므로, 마음에 드는 아파트를 봤고 계약하겠다는 마음을 먹었다면 가계약금을 최소 2,000만 원 이상 보내는 것이 좋다.

부동산 투자에 대한 편견들

집 근처부터 투자하라?

부동산 투자를 시작하는 사람들이 많이 듣는 이야기 중 하나가 "현재 자신이 사는 집 근처부터 투자하라"는 말이다. 집 근처는 내게 가장 익숙한 곳이므로 당연히 그 동네의 아파트에 대해 자세히 알 것이라고 생각하기 때문이다.

그런데 아파트 투자에 관심 없던 사람이 지금 사는 동네에서 출퇴근하고, 외식하고, 마트를 다닌다고 해서 주변 아파트들의 현 시세나 앞으로의 호재 요소들, 그리고 가격 상승 가능성 등에 대해 잘 알 수 있을까? 그리고 우리 동네는 다른 동네에 비해 어떤 장단점이 있는지 충분히 설명할 수 있는 사람들이 많을까?

질문을 두 가지로 나눠 보려고 한다. 첫 번째 질문은 "집 근처에 투자하면 가격이 오를까?"이고, 두 번째 질문은 "내가 과연 집 근처를 잘 알고 있을까?"이다.

조금만 생각해 보면 집 근처에 투자하는 것과 가격이 오르는 것은 전혀 상관이 없다는 걸 쉽게 알 수 있다. 그럼에도 불구하고 많은 전문가들은 왜 집 근처에 투자하라고 하는 것일까? 부동산 투자가 자칫하면 큰돈을 잃을 수 있어서 정 안 되면 집 근처이니 본인이 들어가서 살면 되지 않느냐는 이야기인 걸까?

결론을 이야기하자면, 투자는 아는 곳이 아니라 최소한 가치가 떨어지지 않을 곳에 하는 것이 정석이다. 그럼 가치가 지속 상승할 곳은 어디일까? 서울은 이미 많이 오르지 않았는가? 난 가진 돈이 별로 없는데 어떻게 살 수 있나? 이 책을 꼼꼼히 읽어 보면 답을 찾을 수 있을 것이다.

재테크 공부는 꾸준히 해야 한다?

재테크에 성공하기 위해서 기초 체력을 키운다는 생각으로 엄청난 일정을 소화하는 사람들이 있다. 새벽 5시에 일어나서 하루 계획을 세우고, 재테크 서적을 읽고 필사하고, 지역 분석에 모임까지 옆에서 보기만 해도 엄청난 스케줄이다. 물론 자기계발 측면에서 본다면 그런 일들은 분명 어딘가에서 폭발적인 힘을 발휘하여 스스로의 가치를 더 높일 수 있을 것이다.

하지만 내가 말하려고 하는 것은, 그런 일련의 일들이 재테크와 그렇게 큰 상관관계가 없다는 것이다. 엄청난 체력을 소모해 가면서 부동산 책을 필사하고 지역 분석을 해서 나온 결론으로 투자를 하느냐 마느냐 그리고 수익이 오르느냐 안 오르느냐 하는 것은 또 다른 차원의 문제이기 때문이다. 차라리 그냥 책 한 권 읽고 '이 지역이 좋다던데' 하고 가벼운 마음으로 투자한 것이 오히려 수익이 더 많이 나오는 경우도 많다.

재테크의 기초를 키우고 자기계발을 더 공고히 하는 것은 좋지만, 몸을 부서질 듯이 괴롭힌다고 해서 그것이 수익과 연결된다는 생각은 버리는 것이 좋다. 바꿔 말하면, '지금 재테크를 시작하면 너무 늦은 것 아닌가' 하고 생각하는 사람도 오히려 한 권의 책으로도 인생이 바뀔 수 있고, 한 번의 투자로도 단번에 많은 수익을 얻을 수 있다는 것을 이야기해 주고 싶다. 늦었다는 것은 항상 상대적인 것이다. 늦었다고 생각할 때가 결코 빠른 것은 아니지만, 늦었다고 생각한 그때라도 생각했던 것을 실행에 옮긴다면 오랫동안 자기계발에만 머물렀던 사람들보다 오히려 더 빠를 수도 있다.

투자란 긴 호흡이 필요하다. 특히 부동산 투자는 주식처럼 하루 종일 차트를 들여다본다고 해서 큰돈을 버는 것이 아니다. 나는 그래서 오히려 부동산이 좋다. 한번 매입을 하면 어찌 되었건 다시 팔아 치우기가 어렵기 때문이다. 팔 때 내는 양도세도 비싸고, 또 팔아 치우려고 해도 딱 맞는 임자가 나타나야 팔리고, 계약금에 중도금 그리고 잔금까지 매매계약서 하나를 쓰는 데도 수개월이 걸린다. 성격이 급한 나 같은 사람에게는 그래서 부동산이 제격이다. 일단 빠르게 결정하고 신속히 매입한다. 그리고 곧 다시 팔아 치우고 싶은 순간이 와도 자의건 타의건 매매가 쉽지 않아 시간 속에 묶혀 버리게 된다.

'시간은 금'이라고들 한다. 시간의 중요성을 강조하는 상투적인 말로 들리겠지만, 내게 시간은 정말 금과 같다. 시간이 지나면 부동산은 오른다. 자산 가치의 상승이건 화폐 가치의 하락이건 간에 부동산 가격은 무조건 오르게 되어 있다. 그래서 시간에 그리고 세월에 부동산을 묻어 두면 자산이 불어나는 것이다. 물론 서울 아파트 같이 지속 상승할 만한 여력이 있는 곳을 매입해야 한다. 이런 의미에서 볼 때, 부동산 투자는 빠르면 빠를수록 좋다. 젊을 때 몇 푼 안 되는 돈으로 사둔 아파트는 흐르는 세월만큼 가격이 올라갈 것이다.

부동산은 꽃과 같다. 좋아한다고 해서 하루 종일 물을 주다가는 곧 죽어 버린다. 계속 부동산 공부를 하라고들 한다. 하지만 공부가 어느 정도 끝나면 매입하는 행동으로 이어져야 하며, 매입한 후에는 일정 기간 잊고 지내야 한다. 얼마나 자랐는지 계속 들여다보고 물을 주고 또 주고 하다가는 곧 죽어 버리게 마련이다. 그래서 부동산을 투자한 이후에 한동안은 잊고 지내는 것도 큰 기술이라고 생각한다.

나는 평소에 탁구를 치는 등 취미 생활을 하다가 가끔 아파트 투자를 한다. 투자를 하고 나서는 다시 잊어버리기 위해서 탁구를 친다. 잊고 지내다가 다시 보면 아파트 가격은 올라가 있다. 그리고 나는 다시 취미 생활에 몰두한다. 투자를 쉴 수 있게 해 주는 취미 생활, 그래서 나에게 탁구는 일종의 투자 활동의 연장선인 셈이다. 그런 의미에서 전업투자자를 고민하는 분들에게 회사에 다니면서 부동산 투자를 하거나 다른 취미 생활을 하면서 투자하기를 적극 권장한다.

부동산 투자는 큰돈이 있어야 한다?

커피 한 잔 값 아껴서 집 사는 방법에 대해서 이야기를 해 보고자 한다. 부동산 투자가 꼭 큰돈이 들어가는 게 아니라 레버리지를 일으키면 적은 돈으로도 가능하다는 것을 강조하고 싶어서 다소 극단적인 예를 들어 보겠다.

직장인들이라면 보통 하루에 커피 한 잔 이상씩은 마실 것이다. 그러면 오늘은 내가 사고, 내일은 동료가 사고, 아니면 더치페이를 한다고 해도, 하루에 들어가는 커피 값이 대략 5,000원 정도는 된다. 하루 5,000원씩 근무일을 20일로 잡아 계산하면 한 달에 10만 원 정도 나오고, 1년이면 10만 원×12개월 해서 120만 원 정도를 커피 값으로 내고 있다고 보면 되겠다. 은행에서 4,000만 원을 대략 3% 이율로 빌리면 연 이자비용으로 120만 원이 나가는 것과 동일하다.

즉 하루에 한 잔씩 소비하는 커피를 만약 안 마신다고 가정하면 1년에 4,000만 원을 빌릴 수 있는 이자비용을 치를 수 있는 것이다. 거치식이나 혹은 마이너스통장 등 원금을 상환하지 않아도 되는 대출을 활용한다면 말이다. 게다가 현재는 저금리 기조이기 때문에 만약 연 이자율이 2.5%까지 내려간다면, 커피값 120만 원을 아낀 돈으로 4,800만 원까지도 빌릴 수가 있다. 한 잔의 커피값을 아꼈을 뿐인데, 4,000만~4,800만 원을 활용할 수 있게 되는 셈이다. 이 금액으로 전세를 끼고 아파트를 사는 것이다.

매매가와 전세가 차이를 메울 수 있는 금액을 대출받고, 이자를 감당할 수 있는 다른 욕구를 억제한다면 그 금액으로도 충분히 아파트 투자를 할 수 있다.

지금은 서울 아파트의 매매가가 많이 상승하여 아주 소액으로는 투자하기 적합한 환경은 아니지만, 여러 번 강조했듯이 전세가가 상승하고 있다. 커피 한 잔 값으로는 어렵더라도, 커피값에 택시비를 더한다면 투자가 가능한 매물이 얼마든지 나올 수 있다.

어려운 투자가 많은 수익을 낸다?

어려운 투자는 왠지 수익을 많이 낼 것만 같고, 쉬운 투자는 수익이 잘 안 날 것만 같은 생각이 들지 않는가? 하지만 부동산 투자에서는 그런 공식이 적용되지 않는다. 오히려 쉬운 투자가 엄청난 수익을 내는 경우도 많고, 어렵게 투자했지만 고생만 하고 수익은 오히려 마이너스인 경우도 상당히 많다. 따라서 어렵게 투자하기보다는 가능한 한 쉽게 투자하는 것이 오히려 더 좋다고 하겠다. 투자할 때 어렵게 하든지 쉽게 하든지 모두 성공적인 투자가 될 것이라고 생각하고 들어갔을 테니, 결과가 그렇게 본인이 의도한 바대로 되지 않는다면 차라리 쉬운 투자가 훨씬 좋다는 말이다.

내가 투자했던 인천 아파트 이야기를 해 보고자 한다. 3년 전에 매입은 1억 8,500만 원, 전세는 1억 7000만 원에 놓을 수 있다고 생각하고 인천에 있는 아파트 한 채를 매입하고자 했다. 해당 매물은 기존에 나와 있던 매물들보다 가격이 조금 저렴했는데, 그 이유는 2층이고, 새 시 등 일부 수리가 필요했으며, 결정적으로 매도자가 세금을 체납해서 압류가 들어와 있는 매물이었기 때문이다.

나는 기존 압류를 해제하는 조건으로 계약을 진행했고, 매도자는 나에게 받은 계약금으로 세금를 납부해 압류를 해제했다. 그러고 나서 몇 차례 전세를 구하는 사람들에게 집을 보여 준 끝에 간신히 계약을 하겠다는 사람이 나타났다.

하지만 전세 계약 당일에 또다시 세무서에서 세금 체납을 이유로 해당 매물을 추가 압류하는 바람에 계약을 하려던 신규 임차인은 결국 계약을 못하겠다고 가 버렸다. 참고로 신규 임대를 맞추면서 하는 아파트 매입은 아직 매수인(나) 앞으로 등기가 넘어온 상태가 아니기 때문에 매도인(현 집주인)의 협조를 구해서 매도인과 신규 세입자 간의 거래로 진행을 해야 한다.

이 때문에 계약서에 명시되어 있었던 압류 해제를 한다는 조항을 근거로 '계약을 파기할까?' 생각했다가 다시 세입자를 찾기로 하였다. 그리고 추가 중도금 명목으로 내가 매도인에게 돈을 송금해 그 돈으로 다시 세금을 납부하도록 하였다. 이런 복잡한 상황 속에서 기존 세입자마저 계약이 만료되어 퇴거해 집은 공실이 되어 버렸다. 신규 임차인을 구할 때는 집에 물건이 있는 채로 보여 주는 것이 좋은데, 왜냐하면 집의 가구나 집기를 빼고 나면 가려져 있던 각종 흠집들이 한눈에 다 드러나기 때문이다. 결국 공실이 된 집은 세입자 찾기가 더더욱 어려워졌다.

그래서 어쩔 수 없이 집수리를 하고 나서 임차인을 다시 찾아보기로 하였다. 물론 만약 올수리를 했는데 매도자가 꼼수를 부려서 등기가 아직 나에게 넘어오지 않은 집이니 소유권이 없다고 주장하면 또 골치 아파질 수도 있었지만, 다행히도 그런 일 없이 공사는 잘 진행되었다.

그런데 집수리를 하고 나서도 어찌된 일인지 임차인이 구해지지가 않았다. 이유를 알아보려고 해도 평일에는 인천 아파트까지 가기에 거리가 멀었다. 그래서 주말이 되어서야 집에 가 보니 화장실 공사와 새시, 도배, 페인트는 새로 해서 아주 깨끗했지만, 낡은 싱크대와 후드 쪽의 찌든 때가 눈에 거슬렸다. 알아보니 싱크대 같은 경우 교체 비용이 100만 원이 넘었고, 찌든 때도 물티슈로 빡빡 닦아 보았지만, 대략 지워질 뿐 깨끗하다는 느낌을 받지 못했다. 결국 고민 끝에 싱크대 교체 대신 입주 청소를 한번 해 보기로 했다. 청소를 신경 써서 잘해 달라고 신신당부했더니 마치 싱크대를 새로 교체한 것처럼 아주 깨끗하게 해 주었다. 그리고 이렇게 청소를 마치자마자 바로 그날 저녁 집을 보러 온 임차인이 그 자리에서 계약을 하겠다고 하여 마침내 계약이 성사되었다.

그럼 이렇게 고생해서 매입한 아파트의 시세는 얼마나 상승했을까?

단순히 투자금이 적고, 가격이 싸다고 투자했던 인천의 이 아파트는 3년이 지난 지금 매입가인 1억 8,500만 원 대비 약 3,500만 원 올랐을 뿐이다. 집수리 비용, 복비, 그간의 마음 졸임을 생각하면 투자를 안 했던 것이 더 좋았을 아파트였다. 이 일로 있해 확실히 느낀 바가 있었다. '어려운 매물이라고 해서 수익을 가져다줄 것이라는 착각은 버려라!'는 것이다.

참고로 내 사례처럼 압류 등 하자가 있는 매물을 매도하는 경우 우선 매수자 쪽으로 등기를 이전하고, 남은 잔금에 대해 차용증을 발급해서 잔금을 치르는 것도 좋은 방법이다. 그렇게 하면 신규 세입자를 구하면서 압류 등의 문제가 발생할 염려가 없기 때문이다.

이처럼 경험이 쌓이면서 아파트를 매입할 때 나만의 원칙을 몇 가지 세우게 되었다.

첫째, 서울에만 투자할 것. 단, 인구가 증가하는 경기도 및 지방 광역시급도 투자 대상으로 고려할 것

둘째, 아파트는 무조건 싸게 사고, 깎아서 사고, 집이 불편하지 않도록 최대한 잘 수리하여 임차인을 구할 것. 그렇게 하면 역전세를 우려하지 않아도 되고, 전세금도 다른 집 대비해서 제값을 받을 수 있음

셋째, 최소 500세대 이상의 기본적 주변 인프라가 갖추어져 있는 아파트에 투자할 것

넷째, 최소 금액을 투자하여 최대의 이익을 창출할 것

다섯째, 공인중개사는 가장 중요한 고객이므로 잘 대할 것

부동산 투자 알짜 팁 4가지

아파트 싸게 매입하는 방법

아파트 가격을 1,000만 원 깎는 것이 시장에서 콩나물 살 때 1,000원 깎는 것보다 오히려 쉬운 경우도 많다. 그래서 사고 싶은 집이 있다면 중개인에게 '1,000만 원 깎을 시 복비 두 배', 이런 식으로 인센티브를 제시하는 것도 좋은 방법이다.

또 계약서를 작성하기 전에 집만 본 상태에서 가계약금을 송금하는 경우도 있는데, 이때 반드시 매입할 것이라고 확신을 가졌다면 앞서 말한 대로 가계약금을 좀 많이 송금하는 것이 좋다. 가계약만 했을 뿐인데 주변 시세가 갑자기 올라서 몇 주 만에 몇 천에서 몇 억까지 시세가 상승하는 경우도 있기 때문이다. 그렇게 되면 매도자가 생각을 바꿔서 계약금의 두 배를 상환하고 계약을 파기하자고 할 수도 있다. 단 몇 주 만에 계약도 하지 않고 공돈이 생겼다는 생각에 당장은 기분이 좋을 수 있겠지만, 결과적으로 해당 아파트가 너무 올라 버려 이사를 못 가게 되는 경우도 비일비재하다. 따라서 매수를 할 때는 절대로 계약을 파기할 마음이 들지 않도록 가계약금을 많이 보내야 한다.

또한 가계약금을 보냈다면 부동산 중개인이 문자로 매도자와 매수자 양쪽에 가계약금 송금 내용에 대해 아래와 같이 보내야 한다. 별도로 정해진 양식은 없지만, 금액 및 주소 등의 내용이 명시되어 있어야 추후 발생할 수도 있는 법적 분쟁을 피할 수 있다.

주소 : 서울시 XX구 XX동 XXX아파트
매도인 : 홍길동 XXXXXX-XXXXXXX
매수인 : 김개똥 XXXXXX-XXXXXXX
매매가 : XX억 원
계약금 : XX천만 원
계약예정일 : ○월 ○일
중도금 잔금 협의
현 시설 상태로 매매한다.
위 조건에 매도인 매수인 동의하고 매도인 계좌로 계약금 일부 조로 XX만 원을 입금하고 계약서는 ○월 ○일 작성하기로 한다.

아파트 볼 때 주의 깊게 봐야 하는 것들

아파트는 단순하게 생각하면 바꿀 수 있는 부분과 바꿀 수 없는 부분으로 나눌 수 있다. 바꿀 수 있는 부분은 인테리어와 결로 등 하자와 관련된 것이고, 바꿀 수 없는 부분은 집 조망과 일조량 등이다.

집을 보러 갔을 때는 바꿀 수 없는 부분 위주로 점검을 해야 한다. 오랫동안 수리하지 않아서 내부가 엉망이더라도 올수리를 하면 충분히 개선 가능하며, 심지어는 올수리한 이후 전셋값을 올려 받거나 매매 시에 매도 금액을 더 올려서 받는 것도 가능하다.

아파트 매매 경험이 별로 없는 사람들은 보통 인테리어를 보고 나서 계약을 체결하고 싶어 하는데, 변동 불가한 부분들을 점검하지 않았다가 매입한 후에 후회하는 경우를 많이 보았다. 바꿀 수 없는 부분, 즉 집 조망이나 일조량 등은 돈을 더 준다고 해서 아파트를 허물 수 있는 것도 아니고, 일조량을 더 확보할 수 있는 것도 아니기 때문에 반드시 아파트를 볼 때는 내가 바꿀 수 없는 부분이 어떤 상태인지 확인해야만 한다. 이건 집을 직접 방문해 보면 어느 정도는 유추할 수 있다.

만약 세입자가 살고 있다면 집을 보러 들어갈 때부터 좋은 이미지를 심어 준 다음, 일조량이나 층간 소음 등 변동 불가한 부분에 대해서 물어보는 것도 좋은 방법이다. 그래서 집을 보러 갈 때 살고 있는 세입자에게 음료를 건네는 것도 고려해 봄직하다. 세입자가 집주인보다는 집 상태에 대해 객관적으로 이야기해 줄 가능성이 높기 때문이다.

그럼 인테리어나 집 상태 등은 안 봐도 되는 것인가? 인테리어나 집 상태 등은 안 좋을수록 오히려 가격을 깎을 수 있는 여지가 있다. 예를 들어 집 방문 후 자세히 보니 결로가 있어서 곰팡이가 생겼다든지 하는 부분은 매입을 할지 말지부터 다시 고민을 해야 하고, 만약 매입하겠다고 생각했다면 그런 요소들을 현 집주인에게 강력히 부각시켜 가격을 깎는 데 유용하게 활용할 수 있다.

매도 잘하는 방법

매도를 잘하려면 가능한 한 많은 중개업소에 집을 내놓는 것이 중요하다. 나 같은 경우 집을 매도해야겠다는 결심이 서면 바로 20군데 이상의 중개업소에 연락을 한다. 가능한 한 많은 중개업소에서 내 매물을 가지고 있어야 더 많은 사람들이 집을 보러 올 가능성이 크고, 더 많은 사람들이 집을 봐야 매도 시점이 빨라질 수 있다. 물론 몇 군데 연락하지 않아도 부동산 중개업소끼리는 서로 정보를 공유하여 공동 중개로 매도가 이루어지는 경우도 많다. 그런데 공동 중개는 다른 부동산 중개업소와 함께 중개를 하는 것이기 때문에 수수료도 나눠 가진다. 즉 한 중개인이 100% 모두 수수료를 받을 수 있는 매물보다 소개나 설명 시 후순위로 밀릴 가능성이 있다는 말이다. 따라서 가능한 한 많은 중개업소에 전화하여 중개사가 단독 중개로 내 매물을 소개할 수 있도록 하는 것이 좋다.

그리고 매도할 아파트 주변의 중개업소뿐만 아니라, 근처 비슷한 가격대와 위치에 있는 아파트의 중개업소에도 연락을 해서 본인의 매물을 소개하는 것이 좋다. 임차인 또는 매수인이 다른 아파트를 보러 갔다가 내가 내놓은 아파트까지 와서 볼 수도 있기 때문이다. 그래서 내 매물과 비슷한 조건에 있는 아파트를 생각해 보고, 그쪽에 있는 중개업소에도 매물을 내놓으면 더 많은 사람들에게 노출될 수 있다.

이외에도 팔려고 내놓은 아파트의 장점을 공인중개사에게 간략히 얘기해 주고, 매수 의사가 있는 사람들이 집을 방문했을 때도 옆에서 그런 이야기들을 들려주면 의외로 효과가 좋다. 예를 들자면 햇빛이 정말 잘 들어서 난방비가 적게 나온다든지, 윗집에 어르신들만 사셔서 층간 소음이 전혀 없다든지 하는 장점들이 그런 것들이다.

결론적으로 매도를 어떻게 하느냐에 따라서 적게는 수백에서 많게는 수천만 원까지도 이익을 볼 수 있으니, 매도자 본인이 좀 더 긍정적이고 적극적으로 매도에 임할 필요가 있다는 말이다.

매도가 적기에 이루어지면 매수도 적기에 할 수 있기 때문에 이사를 문제없이 진행할 수 있고, 매도 안 되는 문제 때문에 심적으로 압박 받을 필요도 없으며, 집 보러 오는 사람들 때문에 계속해서 집을 치울 필요도 없어진다.

또한 하루 중에 집이 가장 예쁘게 보일 수 있는 시간대를 생각해 보고, 그 시간대에만 집을 보여 주는 것도 좋은 방법이다. 사람은 냄새와 소리에 민감하기 때문에 사람들이 집을 보러 온다고 하면 커피향으로 집을 채운다든지 은은한 음악을 틀어 놓는다든지 하는 것들도 작은 노력으로 크게 영향을 미칠 수 있는 요소들이다.

아파트 문제 발생 시 대응법

원거리에 있어서 가 보기 어려운데, 갑자기 임차인에게서 이런 문자가 온다고 해 보자.

안녕하세요. XX아파트 XX동 XXX호 세입자입니다. 집에 갑자기 물이 새는데 어떻게 해야 하는지요?
안녕하세요. XX아파트 임차인입니다. 입주해 보니 방충망이 찢어져 있는 것을 발견했습니다. 보수 부탁드립니다.

이런 문자나 전화를 받으면 추가 지출이 생길 것이라고 지레짐작하거나 어떻게 대응해야 할지 몰라서 당황하는 경우가 많다.

이럴 때는 일단 관리사무소에 전화를 해 해당 집에 찾아가 보도록 요청을 해야 한다. 관리사무소에서 하는 일이 그런 일이다. 공용 부분이라서 관리사무소 차원에서 장기수선충당금으로 처리가 가능한지, 혹은 공용이 아니라서 개인이 처리를 해야 하는 것인지를 판단해 줄 것이다.

만약 장기수선충당금으로 처리 가능하다고 하면, 더 이상 신경 쓸 일이 없다. 관리사무소에 잘 처리해 달라고 이야기를 하고, 차후 관리사무소와 세입자에게 어떻게 처리되고 있는지만 체크하면 된다.

그런데 공용 부분이 아니라서 개인이 처리를 해야 한다면, 관리사무소를 통해서 관련 업체 소개를 요청한다. 관리사무소는 다방면에 경험이 있기 때문에 잘 처리하는 업체를 소개해 주는 경우가 많고, 비용은 발생하겠지만 직접 아파트에 가 보지 않고도 전화로 처리할 수 있다는 편리함이 있다.

CHAPTER 4

자산,
이렇게 불려라

똑같이 무주택자나 1주택자 또는 2주택 이상을 가지고 있더라도 집집마다 처한 상황이나 자금 동원 능력이 모두 다르다. 그래도 다른 사람들의 사례를 보다 보면 자신의 상황에 맞춰 어떻게 투자해야 할지가 어느 정도 감이 잡힐 것이다.

따라서 이번에 소개하는 사례들을 통해 자신에게 맞는 투자 방법을 구체적으로 생각해 보았으면 한다.

서울 아파트 한 채는 반드시 사야 한다
_무주택자의 자산 증식 방법

무엇이든 처음이 어렵다. 많은 돈을 투자해서 집 한 채 장만한다는 것이 처음에는 너무나도 무섭고 두렵다. 하지만 반드시 사야 한다. 시장에 돈이 엄청나게 풀리고 있고, 화폐는 무서운 속도로 휴지 조각이 되어 가고 있다. 전세금을 올려 달라거나 월세를 더 내라는 압박에서 벗어나기 위해서라도 혹은 미래에 최소한의 노후 준비를 위해서라도 무주택자라면 서울에 1주택은 반드시 마련해야 한다.

앞에서도 이야기했듯이 투자는 결코 어렵게 한다고 해서 많은 수익을 올릴 수 있는 것이 아니다. 아주 쉽게 투자하고 잊어버려도 상관없다. 그럴 정도의 낮은 난도와 무조건 오를 수밖에 없는 대외적 요건들을 모두 갖추고 있는 것이 바로 서울 아파트이기 때문에 여러분은 지금 어디 살든지 서울 아파트 한 채는 반드시 사야 한다.

사례 1 _ 1억 원의 돈을 모아 10월에 결혼하는 한 대리

- **추천** : 4억 원 상당의 서울 아파트 매입
- **자기자본** : 1억 2,000만 원(본인 돈 1억 원+부모님 지원 2,000만 원)
- **대출** : 2억 8,000만 원 가능(주택담보대출 보금자리론)
- **월 상환액** : 80만 원(30년 납, 2.5% 이자 적용 시)
- **투자 포인트** : 한 대리는 결혼 후 아파트 매입 시 생애 최초 구입 자가 된다. 아내가 프리랜서라서 수입이 불규칙하므로 부부 합산 인정 소득이 7,000만 원 이하로 예상된다. 따라서 부부의 합산 소득 7,000만 원을 넘기기 전에 보금자리론을 활용하여 LTV 70%를 적용받는 것이 중요하다.

　만약 합산 소득이 7,000만 원을 넘는다면 혼인신고 전에 대출 을 최대한 받는 것도 좋은 방법이다.

　아파트를 매입하면 향후 시세 차익을 기대할 수도 있고, 2년 동안 실거주할 경우 시세 차익에 대한 양도세를 내지 않는 비과 세 혜택도 받을 수 있다.

* 서울은 2021년 4월 현재 LTV가 40% 적용되지만, 합산 소득 7,000만 원 이하의 최초 주택 구입자는 보금자리론을 통하여 70%(최대 3억 원)까지 가능하다.

사례 2 _ 청약 가점이 60점, 5억 원의 자기자본을 가진 무주택자 강 차장

- **추천** : 9억 원 미만의 서울 아파트 매입
- **자기자본** : 5억 원
- **대출** : 주택담보대출 3억 5,000만 원 가능
- **월 상환액** : 130만~140만 원(30년 납, 2.5% 이자 적용 시)
- **투자 포인트** : 정부에서는 현재 분양가 상한제를 실시하고 있다. 분양가 상한제 실시로 인하여 청약을 노리는 사람들이 많아져 당첨될 수 있는 점수가 더 올라갔다. 강 차장은 아쉽지만 현재 서울에서는 청약 당첨이 현실적으로 어렵다. 따라서 본인의 대출금 월 상환액 부담을 감안하여 LTV 40%를 적용받는 9억 원 미만의 아파트를 지금이라도 매입할 것을 추천한다.

  예전에는 자기자본이 5억 원 있었다면 매매가와 전세가의 차이가 5억 원인 아파트를 찾아서 투자를 하고, 본인은 전세자금대출을 받아서 전세로 들어가는 것도 방법이었다. 하지만 2019년 12·16대책 이후부터는 9억 원 이상의 고가주택 소유자는 전세자금대출이 전면 금지되었기에 9억 원 미만의 아파트를 매입하여 실거주하는 것이 비교적 안정적인 방안이라고 생각한다.

사례 3 _ 3억 원 자산에 영끌해서 1억 원 추가 동원이 가능한 김 대리

• **추천** : 10억~11억 원대 아파트를 전세 6억~7억 원을 받아 매입

• **자기자본** : 4억 원

• **대출** : 대출 없음

• **월 상환액** : 없음

• **투자 포인트** : 김 대리는 결혼 생각이 없고, 부모님 집에서 거주하고 있기 때문에 주거비용으로 지출되는 것이 없다. 따라서 4억 원을 활용하여 상승률이 큰 고가주택을 매입하는 것이 유리하다.

　　과거에는 이런 경우 몇 채의 소형 아파트를 사서 임대사업자로 등록하는 것이 좋은 전략인 때도 있었지만, 현재는 그것이 유명무실하다. 따라서 고가주택을 매입하여 차익을 실현하거나, 혹은 차후에 입주를 해서 장기간 보유하는 것이 좋겠다.

사례 4 _ 대출 없이 5,000만 원을 모은 설 사원

• **추천** : 매매가와 전세가가 1억~1억 5,000만 원 차이 나는 아파트를 전세를 끼고 매입

• **자기자본** : 5,000만 원

• **대출** : 1억 원(신용대출 5,000만 원+부모님 돈 5,000만 원 차용)

• **월 상환액** : 15만~20만 원(30년 납 2.5% 이자 적용 시)

• **투자 포인트** : 대기업 직원인 설 사원은 회사에서 담보해 주는 신

용대출로 5,000만 원을 빌릴 수 있다. 또한 부모님께 5,000만 원이 차용 가능하다면 공증을 받고, 부모님께 이자를 지급하면서 빌리는 것도 괜찮은 방법이다. 사회 초년생이지만 각종 레버리지(대출 등)를 최대한 활용하는 것이 중요하다.

서울 아파트 가격은 계속해서 우상향할 것이기에 사회생활 초반부터 과감히 투자한다면 결국 시간이 지날수록 자산을 불릴 수 있을 것이다. 단, 최근 서울 아파트 매매 가격의 급상승으로 서울 아파트 매입이 어렵다면, 주요 광역시의 아파트를 매입하는 것도 좋은 방법이다.

레버리지를 극대화하라
_1주택자의 자산 증식 방법

　1주택자는 레버리지를 극대화하고 일시적 1가구 2주택으로 비과세 혜택을 받으며 자산을 증식하는 데 주력해야 한다. 부동산은 매입할 때만큼이나 매도할 때도 중요한데, 그 이유는 부동산에 붙는 각종 세금 때문이다.

　부동산 세금에는 취득 단계에 내는 취득록세, 농어촌특별세, 교육세가 있고, 보유 단계에서는 재산세, 종합부동산세 등이 있으며, 마지막 처분, 즉 매도 시 양도차익에 부과되는 양도소득세가 있다.

〈양도소득세의 세율〉

과세표준액	세율	누진공제
1,200만 원 이하	6%	–
4,600만 원 이하	15%	108만 원
8,800만 원 이하	24%	522만 원
8,800만 원 초과	35%	1,490만 원

※ 과세표준액 = 양도가액 – 취득가액 – 필요경비 – 양도소득 기본공제(250만 원)

일시적 1가구 2주택자의 비과세는 다음과 같은 경우에 해당한다.

예를 들어 내가 A 주택에 거주를 하고 있고 이사를 가기 위해서 B 주택을 매입하려는데, B 주택에는 아직 세입자(임차인)가 거주하고 있는 상태라 전세를 끼고 매입했다고 해 보자. 그렇게 되면 나는 일시적으로 A 주택과 B 주택을 모두 소유하고 있는 2주택자가 되기는 하지만, B 주택은 이사를 가기 위해서 구입한 것이기 때문에 정부에서는 1주택자처럼 인정해 준다. A 주택에 살면서 가격이 상승했다면 그 부분(양도차익)에 대해서 세금을 납부해야 하지만, 9억 원까지는 비과세로 세금을 내지 않아도 된다.

아파트의 전반적인 시세 상승기가 도래하면 2채를 보유한 상태이기 때문에 A 주택은 비과세 혜택(매매가 9억 원 이하까지)을 받고, B 주택은 매입 가격보다 가격이 상승한 상태에서 이사를 하게 된다. 따라서 9억 이하의 아파트에 살고 있는 경우라면 1채를 더 구입해 이사를 가는 것이 상당히 좋은 투자 전략이다.

단, 2019년 12월 16일에 발표된 부동산 대책으로 일시적 1가구 2주택자의 비과세 요건이 다소 강화된 것에 주목할 필요가 있다. 예전에는 신규 주택을 구입하고 나서 기존에 거주하던 주택을 2년 이내에 팔면 일시적 1가구 2주택을 인정받았으나, 조정지역 내에서 2019년 12월 17일 이후 취득한 주택부터는 비과세 혜택을 누리려면 취득일로부터 1년 이내에 전입신고하고, 기존 주택을 1년 이내에 양도해야 한다.

따라서 본인이 2019년 12월 16일 이전에 이미 주택을 매입하여 살고 있는 사람이라면 일시적 1가구 2주택을 최대한 활용하여 2년 가까운 기간을 2주택을 유지하면서 자산을 증식해야 하고, 만약 2019년 12월 17일 이후로 주택을 취득했다면 2년 실거주를 하고 나서 향후 운용 방향을 다시 생각해 봐야 한다.

* 2017년 8·2대책 이전에 보유하고 있던 주택은 실거주 2년을 하지 않고 2년만 보유해도 비과세가 가능했으나, 8·2대책 이후에 신규로 취득한 주택은 반드시 실거주 2년을 채워야 비과세 혜택을 받을 수 있다.

사례 5 _ 3억 5,000만 원짜리 경기도 아파트를 자가로 보유 중인 박 대리

- **추천** : 약 6억~6억 5,000만 원 하는 서울 아파트로 갈아타기
- **자기자본** : 3억 5,000만 원
- **대출** : 2억 4,000만 원 가능
- **월 상환액** : 95만~100만 원(30년 납, 2.5% 이자 적용 시)

- **투자 포인트** : LTV 40%를 적용받아서 서울 아파트로 갈아타는 것이 좋다. 다만 현재 살고 있는 경기도 아파트에서 2년 거주 요건을 못 채웠을 경우에는 반드시 2년 거주 요건을 채운 후 비과세 혜택을 받고 이사를 가는 것이 유리해 보인다.

　서울 아파트 값 급등기에는 조급해할 필요 없이 정부의 추가 대책 등이 나오는지 확인하고, 대책을 발표한 지 2개월 이상 지난 이후에 시장을 모니터링해 보고 나서 서울 아파트를 매입하면 된다.

사례 6 _ 6억 원 상당의 서울 아파트를 자가로 보유 중이며, 대출 없이 맞벌이 중인 박 과장

- **추천** : 10억 원 아파트 매입
- **자기자본** : 6억 원
- **대출** : 주택담보대출 3억 8,000만 원 + 신용대출 3,000만 원
- **월 상환액** : 150만 원(30년 납, 2.5% 이자 적용 시)
- **투자 포인트** : 일시적 1가구 2주택으로 비과세 요건인 2년 거주 요건을 채우고 나서 이사를 가는 것이 가장 중요하다. 양도세 절세가 부동산 투자에서 가장 중요하다고 해도 과언이 아닐 만큼 세금이 많이 나오기 때문이다. 그리고 이사 가는 시기를 가능한 한 늦춰서 현재 거주하는 집과 이사 갈 집을 함께 보유하는 일시적 1가구 2주택 시기를 길게 가져가면 대세 상승기에는 더 많은

차익을 챙길 수 있다.

고가주택일수록 시세 차익이 많이 발생하므로, 대출은 무리되지 않는 범위 내에서 가능한 한 많이 받을 필요가 있다.

사례 7 _ 9억 원 상당의 서울 아파트를 자가로 보유 중이고, 곧 해외 주재원으로 발령 예정인 최 차장

• **추천** : 9억 원 하는 서울 아파트 자가를 매도하고, 매매가와 전세가가 9억 원 차이 나는 초고가 아파트 매입

• **자기자본** : 9억 원

• **대출** : 없음

• **월 상환액** : 없음

• **투자 포인트** : 최 차장은 주재원 5년을 다녀와도 나이가 40대 중반이므로 10년 이상은 충분히 더 회사에 근무할 수 있다. 따라서 40대 초반인 이 시기에는 레버리지를 극대화하여 시세 차익에 주력할 필요가 있다.

매매가와 전세가의 차이가 9억 원 정도 나는 초고가 강남 아파트 매입이 가능해 보인다. 9억 원을 반으로 나누어서 서울 타 지역에 2채를 사는 것도 좋은 방법이지만, 보통 초고가 주택의 가격 상승률이 높은 경우가 훨씬 많으므로 시세 차익에 집중하여 구입한 집을 5년간 전세 주고, 그 후 매도하는 전략을 취하는 것이 나쁘지 않아 보인다. 자사고 폐지 및 정시 비중 확대로 학군

지인 강남으로 입성하려는 수요는 차후에도 더 많아질 것으로 보이며, 전세 가격이 떨어지는 역전세난으로 인한 문제 또한 크게 우려되지 않기 때문이다.

9억 원을 투자해서 상가나 오피스텔, 월세 아파트 등을 매입하여 월세를 받는 것도 하나의 방법일 수 있겠으나, 현재 40대 초반으로 앞으로도 일할 날이 많다는 것을 감안하면 큰 의미는 없어 보인다. 다시 이야기를 하겠으나, 40대 중반까지는 시세 차익에 주력하고 40대 중반 이후부터는 월세를 받는 형태로 바꾸어 은퇴를 준비하는 것이 바람직하다.

사례 8 _ 대출 없이 16억 원 상당의 25평 서울 아파트를 자가로 보유하고 있고, 맞벌이 중인 조 과장

- **추천** : 신용대출을 3억 원 받아 같은 단지 내 큰 평수의 아파트로 이사
- **자기자본** : 16억 원
- **대출** : 3억 원(보험사 등에서 신용대출 가능 여부 확인 필요)
- **월 상환액** : 120만 원(30년 납, 2.5% 이자 적용 시)
- **투자 포인트** : 2021년 4월 현재 15억 원 이상의 초고가 아파트는 주택담보대출이 전면 금지되어 있다. 따라서 기존에 주택담보대출이 있는 가구의 경우에는 15억 원 이상의 아파트로 이사를 갈 때 기존 아파트에서 실행했던 주택담보대출은 모두 소멸되고, 신

규로 주택담보대출을 받을 수 없는 등 불이익이 존재한다. 또한 최근 정부에서 신용대출을 계속해서 줄이고 있기 때문에 신용대출이 가능한지 확인이 필요하다(은행권에서는 신용대출이 어렵기 때문에 보험사 등에서 신용대출이 가능한지도 확인해 봐야 한다).

단, 조 과장 부부는 현재 주택담보대출이 없는 상태이기 때문에 불이익이 없으며, 맞벌이를 하고 있어서 DTI도 충분하다. 또 현재 아파트에서의 거주 기간 또한 10년이 넘어서 장기보유특별공제를 받기 때문에 양도세도 크지 않다. 따라서 더 큰 시세 상승 여력이 있는 30평대로 갈아탈 필요가 있어 보인다.

버티는 사람이 승리자다
_2주택 이상 자의 자산 증식 방법

다주택자에 대한 양도세 중과세와 보유세 강화로 다주택자가 물러설 곳이 없다. 다만, 앞서 언급한 여러 가지 이유들로 인하여 서울 아파트는 재차 엄청난 가격 상승이 기대된다.

그래서 가능하다면 주택을 매도하지 말고, 보유하는 것을 추천한다. 임대차 3법의 부작용으로 전월세도 상승하고 있는 바, 전세를 활용하여 보유세를 버텨 내는 것이 좋은 전략이라 생각된다.

사례 9 _ 9억 원 상당의 서울 아파트를 자가로 보유하고 있고, 최근 세종시에 아파트를 추가로 매입한 윤 과장

- **추천** : 2채 모두 장기 보유 혹은 세종시 아파트를 먼저 자녀에게 양도

- **투자 포인트** : 장기 보유를 목적으로 매입한 아파트이지만, 2주택자가 되어서 1채라도 아파트 매도 시에도 양도세 중과세가 적용된다. 따라서 기존대로 장기 보유를 하고, 차후에 자녀에게 세종시에 있는 아파트를 양도하여 서울 아파트 1주택을 세제 혜택 받는 쪽으로 방향을 잡는 것이 좋겠다.

사례 10 _ 5억 원짜리 서울 아파트 2채를 임대 주고, 본인은 현재 경기도에 있는 3억 원짜리 아파트에 전세로 거주 중인 오 차장

- **추천** : 경기도에 있는 아파트 전세를 정리하고, 서울에 임대 주고 있는 아파트들 중에 투자 가치가 높을 것으로 예상되는 아파트로 입주

- **투자 포인트** : 양도세가 크지 않다면 2채 모두 매도하고 똘똘한 1채를 구해 실거주를 하는 전략이 좋겠지만, 다주택자 양도세 중과 규정 때문에 현재 그런 전략을 구사하기가 어렵다.

　장기보유특별공제를 받기 위해서는 실거주가 필수이므로, 경기도에 있는 전셋집을 정리하고 서울에 보유하고 있는 아파트 중 한 곳에 입주하는 것이 좋겠다. 차후 양도세에 관한 법령 변

경에 따라서 2채를 계속해서 보유할지, 모두 매도하고 똘똘한 1채로 갈아탈지를 결정하면 될 듯하다.

사례 11 _ 경기도에 오피스텔을 3채 소유해 월세를 받고 있으며, 본인은 아파트에 전세로 거주 중인 이 차장

- **추천** : 현재 가지고 있는 오피스텔을 전부 매도한 후 시세 차익을 크게 볼 수 있는 아파트로 투자처를 변경
- **투자 포인트** : 30대 중후반 골드미스로 아직 젊기 때문에 월세를 받는 것보다는 시세 차익을 얻을 수 있는 방식의 투자가 적합하다. 그래서 오피스텔을 하나씩 매도하고 나서 그 돈으로 서울 아파트에 투자하는 것이 좋겠다. 오피스텔은 시세 차익이 많이 발생하는 경우도 있기는 하지만, 대개는 일시적인 경우가 많다.
오피스텔 3채를 같은 해에 모두 매도할 경우에는 그로 인해 발생한 시세 차익을 전부 더해서 양도세를 내야 한다. 따라서 차익이 발생한 것과 손해 본 것을 묶어서 같은 해에 매도하고, 그다음 해에 하나 더 매도하는 방법도 고려할 필요가 있다.

사례 12 _ 경기도 아파트에 자가로 거주하고 있고, 오피스텔 2채는 전세 주고 있는 심 과장

- **추천** : 출퇴근 등이 문제없다면, 가능한 한 경기도 1주택과 오피

스텔 2채를 모두 매도하고 서울 아파트로 갈아타기를 추천

• **투자 포인트** : 경기도 아파트가 전매제한 기간이나 양도세가 많이 나오는 기간이라면 언제 매도를 할지 고민이 필요하다. 단, 앞서 언급한 다른 사례들과 마찬가지로 심 과장은 아직 30대 후반이 기 때문에 월세 받는 오피스텔을 처분하고, 그 금액을 활용하여 시세 차익이 많이 발생할 수 있는 아파트를 매입하는 것이 더 좋은 전략이라 생각된다.

샐러리맨의 자산 증식 방법

30~40대 중반

30~40대 중반까지는 안정적으로 월급을 받아서 투자를 할 수 있는
여건이 되는 시기이다. 월세는 당월의 생활을 풍족하게 만들어 주기는
하지만, 큰돈을 벌기는 어렵다. 따라서 30~40대 중반까지는 월세보다
는 시세 차익이 발생하는 방식 위주로 투자를 하는 것이 유리하다.

예를 들어서 2억 원짜리 아파트를 월세 준다면 보증금 1,000만 원
에 월세 50만 원 정도를 받을 수 있을 것이다. 즉 본인 돈 1억 9,000만
원이 투자되어야 한다.

그럼 5년 뒤 시세 차익과 월세의 합은 다음과 같다(단, 시세는 매년
3%씩 상승하고 보증금 1,000만 원과 월세 50만 원을 지속적으로 받는다고

가정했을 경우이며, 재산세, 소득세, 종부세 등은 고려하지 않았다).

[월세의 경우]
- 시세 차익 : 1억 9,000만 원×1.03×1.03×1.03×1.03×1.03-1억
  9,000만 원 = 3,000만 원

- 월세 : 50만 원×12개월×5년 = 3,000만 원

- 차익 합계 : 시세 차익 3,000만 원+월세 3,000만 원 = 6,000만 원

결론적으로 5년간 매년 3%씩 아파트 가격이 상승한다고 보고, 여기에 월세 받을 금액을 합하면 1억 9,000만 원을 투자해서 약 6,000만 원의 수익을 얻을 수 있다.

이번에는 전세의 경우를 살펴보자. 서울 아파트의 전세가가 65%라고 가정하면, 약 5억 4,000만 원짜리 아파트를 전세 3억 5,000만 원에 끼고 1억 9,000만 원으로 매입할 수 있다(월세로 발생하는 수익은 없으며, 시세는 월세 형태와 동일하게 매년 3%씩 상승한다고 가정해 보자).

[전세의 경우]
- 시세 차익 : 5억 4,000만 원×1.03×1.03×1.03×1.03×1.03-
  5억 4,000만 원 = 8,600만 원

월세 형태의 6,000만 원 수익 대비 전세 형태의 시세 차익이 8,600

만 원으로 43% 정도 더 높다. 만약 가격 상승률이 3%보다 올라가게 되면 수익은 더 올라간다. 부동산 시장에서는 이렇게 천편일률적으로 가격이 오르는 것이 아니라 비싼 아파트가 훨씬 높은 가격으로 오르는 현상이 심화되고 있다.

즉 1억 9,000만 원짜리 아파트가 2억 5,000만 원으로 상승하는 것과 5억 4,000만 원짜리 아파트가 6억 2,600만 원으로 상승하는 것을 비교해 보면 당연히 후자의 아파트 가격 상승이 더 빠르다는 것이다.

따라서 30~40대 중반까지는 월세를 받기 위해 저렴한 아파트를 구입하기보다는 전세 레버리지를 극대화하여 더 비싼 아파트를 구입하는 것이 바람직하다고 할 수 있다.

그리고 만약 전세를 끼고 소액을 투자하는 형태로 다수의 주택을 마련한다면 차후에 그 주택들의 가격이 상승하면서 자산이 엄청나게 늘어나게 되므로 다주택으로 늘려 가는 것도 좋은 전략이다(2020년 12월부터 조정지역 내 다주택 취득 시에는 취득세가 2주택자의 경우 8%, 3주택 이상은 12%로 상향 조정되었다. 단, 공시지가 1억 원 이하의 매물은 다주택자가 매수하더라도 취득세 중과가 배제된다).

40대 중반 이후

부동산은 주식처럼 단기간에 세입자를 바꾸기가 어렵고, 최소 2년은 임차인 거주 기간을 지켜 줘야 한다. 따라서 40대 중반부터는 향후

10년간 일한다고 가정하고 가지고 있는 시세 차익형 매물을 월세로 돌리거나 혹은 보유하는 아파트를 전월세로 변경하는 작업이 필요하다.

앞에서 예시를 든 매물 중에 5억 4,000만 원에 산 아파트가 10년이 지나서 9억 원이 되었다고 해 보자. 그리고 그 와중에 서울 아파트를 3채 더 구입했고, 마찬가지로 거기에서도 시세 차익이 발생했다고 가정해 보자.

부동산은 투자할 때부터 매도를 고려해야 한다. 차익이 큰 만큼 양도세가 많이 발생하기 때문이다. 시세 차익을 극대화한 후 양도세 중과 규정을 잘 따져서 40대 중반 이후부터는 하나씩 매도한다. 자금을 마련하고 월세로 받을 수 있는 금액이 비교적 큰 아파트는 매도하지 말고 전세(보증금 3억 5,000만 원)를 반전세(보증금 1억 원 월세 95만 원)로 전환했다가 나중에 다시 월세(보증금 2,000만 원에 월세 130만 원)로 바꿔 노후를 준비해 나간다.

또 한편으로는 대출을 받아 건물을 매입하는 것도 하나의 방법이다.

40대 중반까지는 아파트로 시세 차익을 보고, 그 이후로는 대출이 많이 나오는 건물(근린상가나 오피스 건물 등)을 매입한다. 그리고 기존에 사 두었던 아파트는 양도세를 가장 절세할 수 있는 타이밍에 매도한다. 이렇게 아파트를 매도한 돈으로 건물의 대출금을 갚아 나가면서 노후를 준비하는 것도 좋은 방법이라 할 수 있다.

CHAPTER 5

서울의 이 아파트를 주목하라

다년간의 투자 경험을 바탕으로 서울 안의 아파트들을 각 구별로 분석하고, 투자 전망에 대한 의견을 제시해 보고자 한다. 물론 내가 말한 것이 정답이 아닐 수 있지만, 그래도 앞으로 서울 아파트를 매도·매수하는 데 참고가 될 것이다.

주목할 아파트
_ 강서구

김포 조정대상지역 편입에 따른 반사 이익

국토교통부 자료에 의하면 지난 1년간 김포시로 이사한 사람들 중에서 강서구 주민들의 비중이 23.5%로 가장 높았다.

김포와 바로 인접한 강서구에서 김포로 이사한 사람들이 많았다는 의미는, 김포를 투자처보다는 실제 거주하기 위해 주택을 매수한 사람이 많다는 의미로 해석할 수 있다.

그런데 2020년 11월 19일 김포가 조정대상지역으로 편입되었다. 조정대상지역으로 편입되었다는 것은 이미 가격이 올랐다는 뜻이기도 하고, 앞으로는 투자하기가 어려워졌다는 의미이기도 하다.

바꿔 말하면 김포로 이사를 계획했던 강서구 사람들이 앞으로는 김포로 이사 가지 않고, 강서구에 남아 거기에서 주거지를 찾을 가능성이 높다는 의미이다. 가격이 많이 올라서 조정대상지역으로 편입된 김포를 매수하기보다는 오히려 가격이 비슷해져 버린 강서구를 매수하는 것이 상대적으로 더 좋은 상황이 된 것이다. 따라서 강서구의 아파트 가격은 다시 상승하리라 생각한다.

한 지역의 주택 가격이 급등하여 그 지역을 규제하면 풍선효과가 나타나 규제하지 않은 인근 지역의 주택 가격이 급등하기 시작한다. 결국은 인근의 규제하지 않았던 지역도 함께 규제를 하게 되는데, 그렇게 모든 지역이 규제의 평준화에 들어가면 수요는 다시 처음 주택 가격이 급등했던 곳으로 몰리게 되어 있다.

마곡동 마곡엠밸리 6단지

세대수	총 동수	입주연월	면적
1,466세대	19동	2014년 6월	112.61㎡~152.67㎡

출처 : 네이버 부동산

김포시의 아파트 가격 급등으로 2021년 4월 현재 김포시에서 입지가 좋은 아파트는 8억~10억 원 사이의 호가를 보이고 있다.

그런데 10억 원을 주고 강서구에서 김포시로 이주 후 서울로 출퇴근을 할 바에는, 강서구에 살면서 12억~14억 원을 주고 아파트를 구입하는 것이 낫다는 판단을 하는 사람들이 많을 것으로 생각된다. 14억 원이 넘어가면 가격적인 부담을 느껴 김포시로 이동하지만, 그 이하의 금액이라면 강서구에 머물 확률이 높은 것이다.

마곡동 마곡엠벨리는 가격적인 측면과 신축적인 요소를 모두 갖추고 있는 아파트이기 때문에 김포가 조정지역으로 바뀐 지금 더욱더 주목받을 것으로 예상한다.

주목할 아파트 _ 도봉구

저평가된 6억 원 이하의 20평대 아파트 아직 많아

서울이라도 6억 원 이하의 아파트는 보금자리대출을 활용하면 LTV를 최대 70%까지 적용받아 매수할 수 있다. 그렇기 때문에 최대 6억 원 되는 아파트를 골라 대출을 통해 매수하려는 수요가 넘쳐난다.

도봉구에는 아직 6억 원 이하의 20평대(전용면적 50~60㎡) 아파트가 많다. 상대적 저평가라고 볼 수 있는데, 매매 가격이 높지 않으니 절대적인 투자 금액도 많이 들어가지 않는다. 이에 대출 한도를 계속 줄이고 있는 현 정부의 부동산 정책상 아직 사지 않아도 되는 미래의 수요자까지도 현재 매수를 하려고 마음을 바꾸고 있다. 따라서 6억 원 이하 20평대 서울 아파트는 조만간 사라질지도 모른다.

쌍문동 쌍문한양 2,3,4차

세대수	총 동수	입주년월	면적
1,635세대	9동	1988년 11월	38.09㎡~102.1㎡

출처 : 네이버 부동산

전용면적 57㎡(28평형) 아파트가 실거래가 기준 6억 원이 되지 않고, 전세 가격 또한 60% 이상을 꾸준히 유지하고 있어 투자를 하거나, 입주를 고려해 전세를 끼고 미리 사 두려는 사람들도 부담이 적다.

이런 요인이 쌍문한양 2,3,4차의 지속적인 가격 상승을 이끌어 낼 것이다.

주목할 아파트
_ 서초구

재건축으로 멸실 많아 공급 부족

서초구는 관리처분인가를 받은 구역이 상당히 많다. 실제 멸실까지
는 1~2년 혹은 그 이상의 시간이 소요되겠지만, 관리처분인가를 받았
기 때문에 집주인이나 임차인의 이주는 확정된 미래라 볼 수 있다.

이주가 많다는 것은 전세 수요가 많아진다는 것을 뜻한다. 무슨 말
인가 하면, 재건축을 한다고 해서 기존에 살던 지역에서 벗어나 다른
지역으로 이사를 가는 경우는 많지 않고, 아이 교육 등을 고려하여 근
처에서 다시 살 집을 찾는다는 의미이다.

이에 따라 한 구역씩 이주를 하면 서초구의 전세 가격은 계속해서
상승할 것이고, 전세 가격의 상승은 결국 매매로 이어져 매매 가격의

상승을 이끌 것이다.

반포동 반포자이

세대수	총 동수	입주년월	면적
3,410세대	44동	2009년 3월	84.23㎡~301.38㎡

출처 : 네이버 부동산

임대차 3법으로 인해 3,410세대의 매머드급 아파트 전세 가격이 급상
승하기 시작했다. 위에서 언급한 관리처분인가를 받은 구역의 전세 수

요까지 고려하면 급상승한 전세 가격은 쉽사리 내려오지 않을 것이다.

반포자이는 30평대(전용면적 84~98㎡) 실거래가가 30억 원 수준이지만, 전세 가격이 급상승하여 지금은 10억 원 내외의 자금으로도 투자가 가능하다. 지금 지방 아파트들의 가격 상승이 이어지고 있는데, 이런 지방 아파트의 가격 상승은 지방의 아파트를 팔고 서울에 투자하는 수요를 만들어 줄 것으로 예상된다. 따라서 10억 원으로 투자할 수 있는 반포자이는 너무나도 매력적이다.

주목할 아파트
_ 성동구

집에서 누리는 조망권 프리미엄 상승

요즈음 코로나로 인해 외출이 힘들다(당분간도 그럴 것이다). 또 대기업을 중심으로 재택근무를 하는 회사도 증가하는 추세이다. 이처럼 집에서 보내는 시간이 많아짐에 따라 쾌적한 대형 평수나 숲세권(숲과 역세권의 합성어로 집과 인접한 녹지 공간의 중요성이 커짐을 상징적으로 나타내는 단어), 한강 뷰 아파트는 더욱더 프리미엄을 받을 것이다.

성동구에는 이런 숲세권과 한강 뷰를 동시에 가지고 있는 아파트가 많다. 특히 서울시가 2022년 성수동에 있는 삼표레미콘 공장을 이전하고 그곳을 연결해 서울숲 규모를 현재 43만 ㎡에서 61만 ㎡로 확장할 계획을 가지고 있다. 더불어 어린이 과학문화의 장이 될 과학문화

미래관(가칭)도 건립될 예정으로 서울숲 근처의 아파트들의 가격 상승이 예상된다.

성수동 트리마제

세대수	총 동수	입주년월	면적
688세대	4동	2017년 5월	39.18㎡~292.31㎡

출처 : 네이버 부동산

트리마제는 서울에서 가장 좋은 한강 뷰를 가지고 있으면서도, 서울숲을 앞마당으로 사용하고 있는 아파트이다.

그리고 트리마제가 위치한 성수동은 세계적인 커피 전문 체인점으로 유명한 블루보틀 1호점이 있고, 권상우 등 많은 연예인들이 건물을 리모델링하여 사무실이나 상가 등으로 활용하면서 트렌디한 이미지가 쌓여가고 있다.

주목할 아파트
_ 강남구, 양천구, 노원구

정시 확대에 따른 학군지 중요도 상승

지방의 아파트 가격이 최근 많이 올랐다. 현재 서울을 비롯한 수도권 중심으로 규제가 많아 상대적으로 규제가 덜한 지방으로 투자 수요가 몰린 까닭이 크다. 이제는 오히려 강남 아파트의 가격이 싸 보이는 시기가 되었다. 지방 투자자들이 서울로 발길을 돌리기에 충분한 상황이 된 것이다.

이런 상황 속에서 교육부는 정시 비중을 확대하고, 특목고를 폐지하는 정책을 펼치고 있다. 정시 비중을 확대하면 수능 영향력이 강화되어 결국 소위 명문 학군들의 강세가 이어질 수밖에 없다. 맹모들은 이 명문 학군에 자녀를 보내기 위해 줄을 설 것이다. 따라서 명문 학군이 위치한 지역의 주택 수요가 폭등할 수밖에 없다.

학부모들은 전세나 반전세를 찾아 그곳으로 이동한다. 하지만 임대차 3법과 맞물려 전세 가격이 상승하고 있다. 전세 가격의 상승은 매수할 수 있는 금액을 낮춰 주어 오히려 매수를 쉽게 만든다. 예를 들어 매매가 15억 원에 전세가가 8억 원이라면 세금과 복비를 제하고도 최소 7억 원이 있어야 매수가 가능하다. 하지만 이 상황에서 전세 가격이 상승하여 11억 원까지 올라간다면 4억 원만 있으면 매수를 생각해 볼 여지가 있다. 즉 전세 가격의 상승은 매수를 쉽게 만들어 주는 사다리와 같은 역할을 하게 된다.

도곡동 도곡렉슬(강남구)

세대수	총 동수	입주년월	면적
3,002세대	34동	2006년 1월	86.43㎡~225.29㎡

출처 : 네이버 부동산

최근 정부에서는 대규모 건설로 인한 주변 아파트 가격의 폭등을 우려하여 잠삼대청(잠실, 삼성, 대치, 청담)을 토지거래허가구역으로 지정했다. 토지거래허가구역으로 지정되면 토지 용도별로 일정 규모 이상의 토지 거래는 시, 군, 구청장의 허가를 받아야만 한다. 아파트도 토지를 포함하고 있기 때문에 결국 아파트 거래를 마음대로 할 수 없다는 의미인 것이다.

대표적 학군지로 손꼽히는 대치동이 토지거래허가구역으로 지정됨에 따라 바로 붙어 있는 도곡2동이 그 수혜를 받을 수밖에 없다. 그 중심에 위치한 도곡렉슬은 정시 확대와 임대차 3법이 얽혀서 맹모들이 전세 가격을 올리고 있고, 매매 가격도 함께 계속해서 상승할 것으로 예상된다. 만약 토지거래허가구역이 도곡동까지 확대된다면 대치 아이파크도 주목할 필요가 있다.

목동신시가지 14단지(양천구)

세대수	총 동수	입주년월	면적
3,100세대	34동	1987년 7월	75.22㎡~182.06㎡

출처 : 네이버 부동산

목동신시가지 1~14단지는 전통적인 명문 학군지에 위치하고 있다. 게다가 이 일대는 전부 재건축을 바라보는 아파트들이다. 시장에 돈이 많이 풀리면서 재건축 아파트에 대한 관심이 더욱 커졌다.

양도세 중과로 인해 다주택으로 투자하기는 어렵고, 연식이 애매한 아파트에 투자해서는 큰 차익을 얻기 어렵다고 생각하는 사람들이 많은데, 그래서 이들은 한 방에 수억 원의 차익을 남길 수 있는 재건축을 생각한다. 단지에 따라 정밀안전진단을 통과한 단지도 있고, 그렇지 못한 단지도 있다. 그런데 만약 목동신시가지 1~14단지가 통합되어 재건축이 추진된다면 엄청난 부가 움직일 것이다.

중계청구 3차, 중계건영 3차(노원구)

	세대수	총 동수	입주년월	면적
중계청구 3차	780세대	9동	1996년 7월	104.64㎡
중계건영 3차	948세대	12동	1995년 12월	105.77㎡

〈중계청구 3차〉

출처 : 네이버 부동산

〈중계건영 3차〉

출처 : 네이버 부동산

강남구, 양천구보다 매매 가격은 낮지만, 학군은 전혀 밀리지 않는 곳이 중계동 은행사거리 근처이다. 그래서 과거에도 그랬듯 앞으로도 합리적인 가격을 찾아서 오는 부모들로 인하여 중계청구 3차와 중계건영 3차는 가격이 꾸준히 상승할 것이다.

그와 더불어 은행사거리에 신설되는 동북선 경전철이 2020년 7월에 착공을 시작하여 2025년쯤 완공 예정이다.

교통망 개발은 공사를 한다고 소문났을 때, 착공했을 때, 완공되기 전, 모두 가격에 호재로 작용한다. 2025년이 아직 멀었다고 생각할 것이 아니라, 이제부터 동북선 경전철이라는 호재가 '꾸준히' 해당 아파트 가격에 서서히 반영된다고 보면 된다.

주목할 아파트
_ 성북구

서울에서 투자금이 가장 적게 드는 동네

　서울에서 전세가율 65% 이상의 아파트들을 가장 많이 보유하고 있는 자치구이다. 전세가율이 높다는 것은 전세를 안고 매수할 경우 실제 내 투자금이 많이 들지 않는다는 의미이다.

　예를 들어서 매매가 8억 원에 65%의 전세가라면 5억 2,000만 원의 전세를 안고 매수하는 격이므로 약 3억 원의 자금만 있어도 매수가 가능하다. 물론 일부는 70% 수준의 전세가율을 형성하고 있는 단지도 있다.

미아삼각산 아이원

세대수	총 동수	입주년월	면적
1,344세대	20동	2003년 12월	79.4㎡~137.59㎡

출처 : 네이버 부동산

미아삼각산 아이원은 20평대의 전세가율이 70% 수준인 아파트로 2억원 미만의 자금으로도 투자가 가능하다. 두산위브트레지움, 래미안트리베라 1~2차, 이편한세상4단지 등으로 둘러싸여 있는데, 그중에서 아이원이 가장 저렴하다.

전세가율이 높아서 투자 수요가 쉽게 들어올 수 있고, 가격 상승의 여력이 있으며, 인근 아파트들 중 가장 저렴하여 해당 아파트들과의 갭 메우기(가격 따라 가기) 때 들어가기 쉽다.

주목할 아파트
_ 동대문구

동북권 교통의 요지

수도권 광역급행철도(GTX)는 운정에서 동탄으로 가는 A 노선과 송도에서 마석으로 가는 B 노선, 그리고 덕정에서 수원으로 통하는 C 노선이 있다. 그중에 두 개 노선이 만나는 구간이 서울 내에 3곳 있는데, 서울역, 삼성역, 그리고 청량리역이다.

최고의 상업지들로 일자리가 몰려 있는 곳이지만, 청량리의 개발은 현재 진행형이다. 향후 GTX를 중심으로 체계적인 개발이 진행되어 엄청난 발전을 이룰 곳이므로 주목해야 한다. 지방의 수요를 빨아들이는 빨대 역할을 하게 되며, 이로 인해 땅값은 물론 아파트 가격이 상승하리라는 것은 두말할 필요가 없다.

전농동 래미안크레시티

세대수	총 동수	입주년월	면적
2,397세대	31동	2013년 4월	84.73㎡~154.17㎡

출처 : 네이버 부동산

청량리의 대장주격인 래미안크레시티는 교통의 요충지로 손꼽히는 청량리역 근처에 위치하고 있다. 그리고 서울성심병원, 롯데마트, 롯데백화점, 홈플러스 등이 모두 5분 이내 거리에 있어서 인프라 또한 매우 뛰어나다.

2023년 바로 인근에 청량리역롯데캐슬, 청량리역한양수자인, 전농동힐스테이트청량리더퍼스트 등이 입주를 하게 되면 교통뿐만 아니라 일대의 생활환경에도 엄청난 변화가 일어날 것이다.

CHAPTER 6

수익을 안겨 줄
서울의 재건축 아파트

2020년 6·17 부동산 대책으로 투기과열지구 이상 지역의 재건축 정비사업 규제가 크게 강화되었다. 규제가 강화됨에도 불구하고, 최근 다시 불붙고 있는 재건축 투자 붐의 이유를 간단히 살펴보고 서울 각 구의 재건축 현황과 특징을 분석해 보고자 한다.

재건축 절차와 규제

　재건축은 말 그대로 기존의 낡은 아파트나 연립주택을 부수고 다시 새롭게 짓는 것이다. 공동의 사람들이 거주하는 공간을 허물고 짓는 것이기 때문에 여러 사람들의 동의를 받아야 하고, 조합을 설립해야 하며, 정부에서 정한 절차대로 진행해야 한다.

　재건축은 다음과 같은 절차에 따라 진행된다.

〈재건축 절차〉

순서	구분	세부내용
1	사업 준비	기본계획 수립 → 안전진단 → 정비구역 지정
2	사업 시행	추진위원회 구성 → 창립총회 → 조합설립 인가 → 시공사 선정 → 사업시행 인가 → 감리자 선정
3	관리처분 계획	조합원 분양 신청, 관리처분계획 수립, 관리처분계획 인가
4	사업 완료	이주, 철거, 착공 → 일반분양 → 준공인가 신청 → 준공 인가 → 이전고시 및 청산

이처럼 재건축은 사업 준비에서부터 사업 완료까지 여러 단계를 거쳐야 한다.

보통 추진위원회 구성부터 조합설립 인가 시점까지가 가장 많은 시간이 소요되는데, 대신에 초기 단계라 투자 금액이 적게 들어간다는 장점이 있다. 또 사업시행 인가를 받은 후 매수를 하면 빠르게 분양받을 가능성이 높다.

원칙적으로 조합설립 이후에는 매도를 못하게 되어 있지만, 예외 규정(10년 이상 소유하고 5년 이상 실거주 또는 해외 이주 등)이 있어 매도하는 물량은 항상 시장에 나온다고 보면 된다.

재건축 정비사업 강화

그런데 2020년 6·17 부동산 대책이 나오면서 재건축 정비사업과 관련한 규제가 크게 강화되었다. 구체적으로 내용을 살펴보자.

① 재건축 안전진단의 절차 강화
- 시, 도의 안전진단 관리 강화 및 부실안전진단 제재
- 2차 안전진단 현장조사 강화 및 자문위 책임성 제고

첫 번째로 재건축 안전진단의 절차 강화는 신축 아파트의 공급 물량 감소로 귀결된다. 앞에서 언급했듯이 재건축은 10단계 이상이 넘는 절차들이 있다. 이런 수많은 절차로 인하여 평균 7~10년 정도의 시간이 소요되며, 그 이상의 시간이 소요되는 아파트들도 많다. 이렇게 시간이 많이 걸림에도 절차를 강화하겠다는 것은 그만큼 재건축이 진행될 가능성이 적어진다고도 볼 수 있다. 재건축을 기다리고 있는 많은 아파트들의 재건축 진행이 지연되면, 이는 당연히 공급 물량의 감소로 이어질 수밖에 없다.

그런데 다시 생각을 해 보면, 기존에 재건축 안전진단을 이미 통과했거나 혹은 안전진단을 통과할 것이 확실시되는 아파트들에 있어서는 이런 정책이 호재라고 할 수 있다. 이런 아파트들의 경우 시간이 지나면 언젠가는 재건축을 하게 될 '정해진 미래'이기 때문이다.

단, 정부의 의지에 따라서 재건축이 기존대로 진행되거나 반대로 지연될 수도 있기 때문에 앞으로 발표되는 부동산 정책에 항상 귀를 기울여야 한다.

② 정비사업 조합원의 분양 요건 강화
 - 투기과열지구 조정대상지역에서 조합원 분양신청 시까지 2년 이상 거주 필요

두 번째는 정비사업 조합원에 대한 분양 요건 강화로 조정대상지역 내 조합원은 분양신청 시까지 2년 이상 거주를 해야 한다. 2년 실거주 (거주기간 전체 합산)를 해야만 재건축 조합원 자격을 얻을 수 있고, 만약 실거주를 하지 않으면 현금을 주고 조합원 자격을 상실하는 현금청산 절차를 밟게 된다.

실거주를 해야 한다는 조항은 해외투자자나 지방투자자가 투자하는 것을 차단하는 효과가 있다. 그래서 강남의 압구정 현대아파트를 필두로 일부 재건축 연한이 도래한 단지에서는, 법령 시행 전까지 재건축 추진위원회를 설립하여 실거주 의무를 피해 가고자 하였다. 이는 해외투자자나 지방투자자 등도 매수할 수 있는 길을 트기 위한 방법이었고, 이로 인하여 재건축 추진위원회를 발족하려는 움직임이 빨라지자 투자자들이 유입되면서 재건축 시장도 들썩이기 시작했다.

③ 재건축 부담금 제도 개선
 - 재건축 부담금 본격 징수
 - 공시가격 현실화에 따른 공시비율 적용 및 재건축 부담금 귀속비율 조정

마지막으로 재건축 부담금 부과에 대한 내용이다. 이는 재건축 추진위원회 구성 시점부터 입주 시점까지의 평균 집값 상승분에서 공사비

등 개발비용을 뺀 금액이 3,000만 원 이상이면 초과이익으로 간주하여 누진적으로 부담금을 조합에 부과하겠다는 것이다. 앞서 분양가 상한제에서도 설명했듯이, 이렇게 되면 조합원의 이익이 줄어들어 개발이 지연되는 효과가 있다. 그리고 이러한 개발 지연은 결국 공급의 급감으로 이어진다.

현 정부의 부동산 정책은 세금에 초점이 맞춰져 있기 때문에 분양가 상한제나 재건축 부담금 등 세금적인 측면이 더욱 강화되거나 유지될 가능성이 많다. 따라서 재건축에 투자할 때에는 단기간의 차익을 바라고 투자하기보다는 장기적인 관점에서 접근하는 것이 바람직하다.

앞의 내용들을 간단히 정리하면, 재건축 정비사업에 대한 3가지 대책이 나오자마자 ① 안전진단 절차 강화로 매물 감소가 예측되고 ② 실거주 의무로 인하여 오히려 추진위원회가 발족되면서 투자자가 유입되었으며 ③ 재건축 부담금(초과이익환수제) 징수로 인하여 역시나 공급물량 감소가 예상된다.

정부에서는 좋은 취지로 이런 대책을 마련했지만, 그 결과는 오히려 재건축 시장을 더욱 활활 타오르게 하는 듯한 효과가 나타나고 있다.

서울시 재건축 현황

지금 서울시에서는 강남, 서초, 송파 등 강남 3구를 비롯해 강동, 노원, 동대문, 용산, 마포, 양천, 서대문 등 주요 지역에서 재건축이 진행되고 있다. 각 구별 재건축 구역 아파트들의 진행 상황과 특징들을 살펴보기로 하자.

그리고 각 구마다 현 사업 단계와 단지/아파트 현황 등을 알아보기 쉽게 표로 구성했는데, 그 내용들은 다음과 같다.

| 총대지
면적
ⓐ | 택지
면적
ⓑ | 정비기반시설
기부채납 | | 용적률
ⓔ | 토지등
소유자수
ⓕ | 신축
세대수
ⓖ | 일반분양 세대수 | |
| | | 면적
ⓒ | 비율
ⓓ | | | | 세대수
ⓗ | 신축세대수
대비 비율
ⓘ |

* ⓖ 임대가 있을 시 임대 수 포함
* ⓒ : ⓐ-ⓑ / ⓓ : ⓒ÷ⓐ / ⓘ : ⓗ÷ⓖ
  – 단, 재건축 초기인 '사업준비' 단계에 있는 구역과 아파트에는 구체적인 수치가 나오지 않기 때문에 생략하였다.

재건축 아파트
_ 강남구

압구정동 4구역(현대 8차, 한양 3, 4, 6차)

· 입주년도 : 1978~1981년 · 세대수 : 1,340세대

현 사업 단계			
사업준비	사업시행(추진위원회 승인)	관리처분계획	사업완료

총대지 면적	택지면적	정비기반시설 기부채납		용적률	토지등 소유자수	신축 세대수	일반분양 세대수	
		면적	비율				세대수	신축세대수 대비 비율
133,702㎡	108,238㎡	25,464㎡	19%	300%	1,366명	2,135세대	664세대	31%

명실상부 대한민국 최고의 아파트 단지

시공비 절감과 도로 운영 등 효율적인 개발을 위하여 현재 압구정동 24개 아파트 단지(총 1만 466세대로 구성)를 6개 구역으로 나누어 각각 재건축을 진행하고 있다.

압구정동에서는 한남대교, 동호대교, 성수대교를 통하여 강북으로의 이동이 용이하고, 서쪽으로 이동할 때는 올림픽대로를 이용할 수 있어 매우 편리하다.

특히나 현대8차 아파트가 속해 있는 압구정동 4구역은 지하철 수인분당선 압구정로데오역과 5분 거리로 초역세권이며, 동시에 청담초등학교, 청담중학교, 압구정중학교, 압구정고등학교 등 좋은 학교들이 근처에 있어 교육 환경도 좋다. 또 현대백화점, 갤러리아백화점, 청담동 명품거리, 압구정로데오거리 등 우수한 상권을 도보로 쉽게 이용할 수 있는 장점도 있다.

압구정 재건축 아파트들 가운데 4구역은 비교적 작은 구역이므로 여타 구역에 비해 빠르게 재건축이 진행될 가능성이 높아 보인다.

4구역은 지하 2층, 지상 35층의 높이로 용적률 300%를 적용하여 재건축을 추진할 예정이다. 일반분양 세대수가 664세대로 신축 세대수 대비 31%로 높은 편이라, 사업성이 좋다.

재건축이 될 경우 압구정 일대는 명실상부 대한민국 최고의 아파트 단지가 들어설 것으로 전망된다.

〈압구정동 일대 재건축 현황〉

* 2021년 3월 현재

압구정동	해당 아파트	세대수	진행 상황
1구역	미성 1, 2차	1,233	추진위원회 승인
2구역	현대 9, 11, 12차	1,924	
3구역	현대 1~7차, 현대 10, 13, 14차, 대림빌라트	4,065	
4구역	현대 8차, 한양 3, 4, 6차	1,340	조합설립 인가
5구역	한양 1, 2차	1,232	
6구역	한양 5, 7, 8차	672	
합계	24개 아파트 단지를 6구역으로 운영	10,466	-

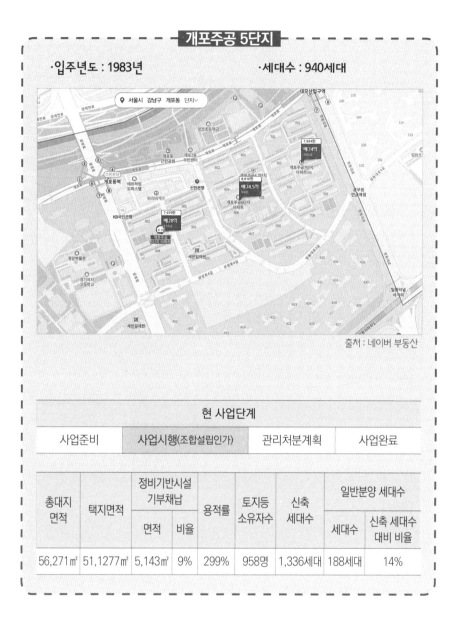

개포주공 5단지

·입주년도 : 1983년 　　　　　　　　·세대수 : 940세대

출처 : 네이버 부동산

현 사업단계			
사업준비	사업시행(조합설립인가)	관리처분계획	사업완료

총대지 면적	택지면적	정비기반시설 기부채납		용적률	토지등 소유자수	신축 세대수	일반분양 세대수	
		면적	비율				세대수	신축 세대수 대비 비율
56,271㎡	51,1277㎡	5,143㎡	9%	299%	958명	1,336세대	188세대	14%

2년 실거주 의무 없어

개포주공 5단지는 지하철 수인분당선 개포동역이 도보로 5분 걸리는 역세권 아파트이며, 양재천이 가깝게 있어 산책하기에도 좋다. 또한 양전초등학교, 개포중학교, 개원중학교, 중동중학교, 경기여자고등학교, 개포고등학교, 중산고등학교, 중동고등학교 등 우수한 학교들이 곳곳에 있고, 대치동 학원가도 멀지 않아 교육 환경이 매우 좋다.

지하 2층, 지상 35층 규모로 용적률 299%를 적용하여 재건축될 예정이며, 일반분양 세대수가 188세대로 신축 세대수 대비 14%로 다른 재건축 아파트들에 비해 다소 적은 편이나, 개포주공 5단지 아파트는 2년 실거주 의무가 없기 때문에 투자하기에 부담이 적다.

재건축 아파트
_ 강동구

현 사업단계			
사업준비	사업시행	관리처분계획	사업완료(이주, 철거, 착공)

총대지 면적	택지면적	정비기반시설 기부채납		용적률	토지등 소유자수	신축 세대수	일반분양 세대수	
		면적	비율				세대수	신축 세대수 대비 비율
627,428㎡	463,583㎡	163,844㎡	26%	274%	6,132명	11,106세대	3,928세대	35%

1만 1,000세대의 최대 단일 아파트

둔촌주공아파트는 지하철 5호선 둔촌역과 지하철 9호선 둔촌오륜역을 모두 이용할 수 있는 더블 역세권을 가진 아파트이다. 제2경부고속도로가 공사 중인데, 완공되면 교통 편의성이 한층 더 좋아질 것이다. 특히나 재건축 초과이익환수제의 적용을 받지 않고, 일반분양 세대수가 3,928세대로 신축 세대수 대비 35%를 차지하고 있어 사업성이 대단히 좋다.

또한 둔촌초등학교, 위례초등학교, 동북중학교, 동북고등학교 등 유망 초중고를 품고 있어서 교육 환경도 좋다.

1만 1,000세대의 최대 단일 아파트로, 입주 시 신축 아파트 붐을 일으킬 것이다.

고덕주공 9단지
·입주년도 : 1985년   ·세대수 : 1,320세대

출처 : 네이버 부동산

현 사업단계			
사업준비(1차 안전진단 통과)	사업시행	관리처분계획	사업완료

신축 아파트촌으로 완전히 탈바꿈

고덕주공 9단지는 고덕에서 마지막으로 남은 재건축 대상 주공아파
트이다. 고덕은 주공 1~9단지, 고덕시영 아파트 재건축을 통해서 신축

아파트촌으로 완전히 탈바꿈할 예정이다.

6·17대책으로 안전진단이 강화될 예정인데, 우선 1차 안전진단에서 D 등급을 받아서 조건부로 재건축 진행이 가능하다는 점은 대단히 고무적이다. 다만, 조합 설립을 진행하지 못했기 때문에 2년 실거주를 해야 할 것이므로 투자한다면 이 부분을 고려해야 한다.

고덕에서는 다소 입지가 열세이지만, 지하철 9호선 한영외고역이 2027년에 연장 개통될 예정이므로 그렇게 되면 강남 접근성이 개선될 것이다.

또한 근처에 삼성엔지니어링이 입주한 첨단업무단지를 비롯하여 각종 복합단지도 조성 중이고, 고덕을 통과하는 서울과 세종 간 고속도로가 개통되면 광역 교통망도 편리해질 것이다.

재건축 아파트
_ 노원구

상계주공 5단지

·입주년도 : 1987년   ·세대수 : 840세대

현 사업단계			
사업준비(정비구역 지정)	사업시행	관리처분계획	사업완료

총대지 면적	택지면적	정비기반시설 기부채납		용적률	토지등 소유자수	신축 세대수	일반분양 세대수	
		면적	비율				세대수	신축 세대수 대비 비율
33,851㎡	31,292㎡	2,558㎡	7.6%	299.6%	823명	1,268세대	293세대	23%

도시·건축 혁신 시범사업 대상자로 선정

상계주공 5단지는 2020년 5월 도시·건축 혁신 시범사업 대상자로 선정되어 향후 서울시의 정비계획 지침에 따라서 재건축을 진행하게 될 것이다.

이렇게 되면 최근 회자되는 공공개발을 통한 공공임대를 확보해야 하는 등의 제약이 따를 수 있으나, 서울시의 지침에 따라서 진행하기 때문에 빠르게 재건축이 진행될 수 있다는 장점도 있다.

또 35층으로 용적률 300%를 받아 건설 추진될 예정이며, 일반분양 세대수는 293세대로 신축 세대수 대비 23% 수준이다.

상계주공 1단지

·입주년도 : 1986년 　　　　　·세대수 : 2,064세대

현 사업단계			
사업준비(1차 안전진단 통과)	사업시행	관리처분계획	사업완료

아파트 밀집 지역으로 주거 환경 좋아

상계주공 1단지는 안전진단이 강화되기 전 1차 안전진단에서 D 등급을 받아서 조건부로 재건축 추진이 가능하게 되었다. 앞에서 언급했

듯이 안전진단이 본격적으로 강화되면 조건부 통과도 쉽지 않을 것이기 때문에, 조건부 재건축 추진도 상당한 메리트라고 볼 수 있다.

지하철 4,7호선 노원역과 7호선 중계역 사이에 위치해서 더블 역세권 단지이며, 동부간선도로로의 접근이 매우 용이하다. 상계동 일대는 아파트 밀집 지역으로 주거 환경이 매우 좋다.

상천초등학교가 단지 내에 있고, 노원중학교가 도보로 통학이 가능하다.

향후 창동차량기지가 이전되고, 동부간선도로가 지하화되는 등 일대의 많은 변화가 예상된다. 상계주공 아파트 단지는 조만간 전부 신축 아파트촌으로 변모될 것이다.

재건축 아파트
_ 동대문구

현 사업단계			
사업준비(정비구역 지정 중)	사업시행	관리처분계획	사업완료

청량리역에 붙어 있는 초역세권 아파트

미주아파트는 청량리역에 붙어 있는 초역세권 아파트이다. 앞으로 GTX가 완공되면 청량리가 교통의 중심지 역할을 하게 되면서 엄청난 수혜를 받을 아파트이기도 하다. 청량리역은 현재도 KTX, 분당선, 지하철 1호선, 경의중앙선, 경춘선 등 5개 철도 노선 이용이 가능하여 교통이 대단히 편리하다.

다만, 미주아파트는 2018년 정비구역 지정 신청 후, 아파트를 통과하는 도시계획시설 도로가 사유지로 남아 있다는 이유 때문에 서울시 도시계획위원회의 심의를 통과하지 못했다. 현재는 보완된 정비계획안이 제출되어 심의 중인데, 투자 시에는 반드시 이 결과에 주목해야 한다.

재건축 아파트
_ 마포구

현 사업단계			
사업준비(정비구역 신청)	사업시행	관리처분계획	사업완료

강북 최대 규모의 재건축 아파트

성산시영아파트는 1986년도에 지어져서 현재 33개동 3,710가구로 강북 최대 규모의 재건축 아파트이다.

2020년 5월에 안전진단을 최종 통과하였으며, 대단지이면서 148%의 낮은 용적률로 사업성이 대단히 좋다.

마포구청역, 월드컵경기장역, 디지털미디어시티역 세 곳의 지하철역과 근거리에 위치해 있고, 여의도, 광화문, 마곡지구 등 주요 업무지구 접근성이 매우 좋다는 입지적 장점이 있다. 단, 6·17대책으로 신설된 2년 실거주 조항 때문에 투자를 한다면 그것도 고려해야만 한다.

재건축 아파트
_ 서대문구

현 사업단계			
사업준비	사업시행(시공사 선정)	관리처분계획	사업완료

총대지 면적	택지면적	정비기반시설 기부채납		용적률	토지등 소유자수	신축 세대수	일반분양 세대수	
		면적	비율				세대수	신축 세대수 대비 비율
27,315㎡	22,945㎡	4,370㎡	16%	278%	290명	634세대	264세대	42%

일반분양 세대수 많아

홍제 3구역은 지하철 3호선 무악재역을 도보로 5분 안에 이용할 수 있는 역세권이며, 광화문 방면은 20분 내, 강남 방면은 30분 이내로 이동이 가능하다. 또한 홍은사거리에 목동, 청량리를 다니는 강북 순환선이 2028년 완공 예정으로 건설을 추진 중이다.

용적률이 278%로 높은 편이고, 특히 일반분양 세대수가 264세대로 신축 세대수 대비 42%로 대단히 높은 편이라 사업성이 매우 좋다.

시공사 선정을 완료하여 재건축 진행에 박차를 가하는 중이다.

홍은 5구역

- 세대수 : 285세대

출처 : 네이버 부동산

현 사업단계			
사업준비	사업시행(조합설립변경 인가)	관리처분계획	사업완료

총대지 면적	택지면적	정비기반시설 기부채납		용적률	토지등 소유자수	신축 세대수	일반분양 세대수	
		면적	비율				세대수	신축 세대수 대비 비율
34,876㎡	27,728㎡	7,147㎡	20%	252%	282명	628세대	258세대	41%

서부선 개통 시 교통 편의성 증대

홍은 5구역 역시 단독주택 재건축 구역으로, 일반분양 세대가 258
세대이며, 신축 세대수 대비 비율이 41%로 높아 사업성이 좋다.

홍연초등학교, 정원여중, 신영중학교 등 초중학교가 도보로 이동 가
능하고, 백련산 근린공원이 있어서 산책하기에 좋다. 홍제역을 도보로
이동하기에는 다소 거리가 있지만, 2028년 개통 추진을 목표로 하는
서부선이 개통되면 교통 편의성은 한결 좋아질 것이다.

2010년 조합설립 인가를 받았으나, 각종 소송 등으로 2011년 조합
설립인가 취소판결을 받았고, 현재 다시 조합설립 변경인가 절차 중에
있다. 조합설립 변경인가만 받는다면 사업성이 좋기 때문에 투자에 적
합하다고 생각된다.

재건축 아파트
_ 성동구

한남하이츠

· 입주년도 : 1982년   · 세대수 : 535세대

현 사업단계			
사업준비	사업시행(시공사 선정)	관리처분계획	사업완료

총대지 면적	택지면적	정비기반시설 기부채납		용적률	토지등 소유자수	신축 세대수	일반분양 세대수	
		면적	비율				세대수	신축 세대수 대비 비율
48,922㎡	48,922㎡	-	-	249%	559명	839세대	228세대	27%

강남 접근성 매우 우수

한남하이츠는 동호대교와 한남대교만 건너면 바로 강남으로 이동할 수 있는 등 강남 접근성이 매우 우수하며, 독서당로를 통해서 한남동까지 생활권에 들어온다. 한강과 인접하고, 한강 뷰를 즐길 수 있는 아파트이며, 3호선과 경인중앙선 옥수역이 근처에 위치한 역세권 아파트이다.

세대당 평균 대지지분이 58㎡(250% 용적률 적용 시 44평형이 평균 평형)로 매우 커서 사업성이 대단히 좋고, 한남더힐 등의 부촌과 더불어 해당 지역의 프리미엄 아파트 단지로 자리매김할 것으로 예상된다.

장미

·입주년도 : 1982년   ·세대수 : 173세대

출처 : 네이버 부동산

현 사업단계			
사업준비	사업시행(조합설립)	관리처분계획	사업완료

총대지 면적	택지면적	정비기반시설 기부채납		용적률	토지등 소유자수	신축 세대수	일반분양 세대수	
		면적	비율				세대수	신축 세대수 대비 비율
11,100㎡	10,476㎡	624㎡	6%	285%	173명	292세대	90세대	31%

초역세권에 위치

장미아파트는 1982년에 준공해 40년 정도 된 아파트로, 총 173세대로 구성되어 있다. 현재 5층 아파트를 용적률 285% 적용해 최고 20층 높이의 292가구 및 부대 편의시설 등을 갖춰 건설할 계획이다. 신탁방식(조합원의 동의를 얻어 부동산 신탁사에 수수료를 내고 맡김)으로 재건축 사업을 진행 중이다.

수인분당선 서울숲역이 바로 앞에 있어 초역세권에 위치해 있으며, 2호선 뚝섬역은 도보로 이동이 가능하다. 근처에 경일중학교, 경일고등학교가 근접해 있고, 주변에는 갤러리아포레와 트리마제 등 성수동의 고급 주상복합 아파트가 있다. 세대당 평균 대지지분은 35.9㎡이다.

재건축 아파트
_ 서초구

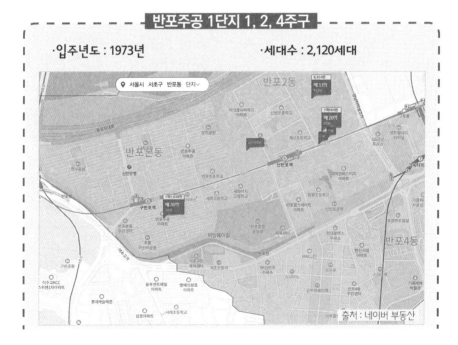

현 사업단계			
사업준비	사업시행	관리처분계획(관리처분인가)	사업완료

총대지 면적	택지면적	정비기반시설 기부채납		용적률	토지등 소유자수	신축 세대수	일반분양 세대수	
		면적	비율				세대수	신축 세대수 대비 비율
371,130㎡	251,824㎡	119,305㎡	32%	300%	2,306명	5,335세대	2,818세대	53%

강남 최대 규모의 재건축 사업

1973년에 입주한 반포주공아파트는 한강 이남에 건설된 최초의 대단지였다. 현재 다른 단지는 모두 재건축을 완료하여 반포자이, 반포래미안퍼스티지 등으로 탈바꿈하였고, 이제 반포주공 1단지만 남았다.

일반분양 세대수가 2,818세대로 신축 세대수 대비 비율이 53%로 굉장히 높고, 세대당 평균 대지지분도 47.2㎡(300% 용적률 적용 시 43평형이 평균 평형)로 매우 커서 사업성 또한 대단히 좋다.

반포주공 1단지는 용적률 300%를 적용하여 지상 35층, 지하 5층 규모의 대단지 아파트로 건설할 계획으로, 사업비만 약 10조 원에 이르는 강남 최대 규모의 재건축 사업이다. 재건축 초과이익환수제도 적용받지 않는다. 이렇게 사업성이 좋다 보니, 3.3㎡당 가격은 1억 3,000만 원 이상을 호가하고 있다.

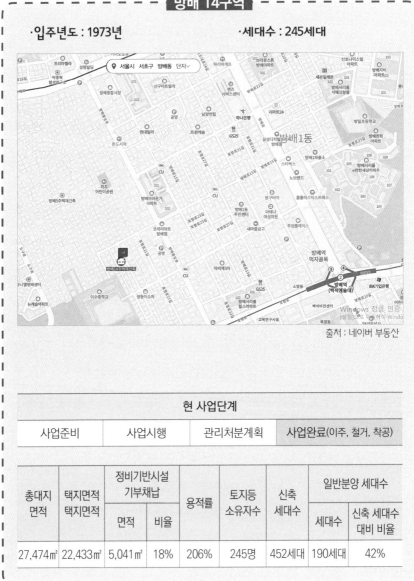

방배 14구역

·입주년도 : 1973년   ·세대수 : 245세대

출처 : 네이버 부동산

현 사업단계			
사업준비	사업시행	관리처분계획	**사업완료**(이주, 철거, 착공)

총대지 면적	택지면적 택지면적	정비기반시설 기부채납		용적률	토지등 소유자수	신축 세대수	일반분양 세대수	
		면적	비율				세대수	신축 세대수 대비 비율
27,474㎡	22,433㎡	5,041㎡	18%	206%	245명	452세대	190세대	42%

대지지분 크고, 신축 세대수 많아

방배 14구역은 단독주택 재건축 구역으로 지하철 2, 4호선 사당역과 2호선 방배역 사이에 위치하고 있고, 남부순환로와 사당IC를 통해서 강남순환 도시고속도로를 쉽게 이용할 수 있다. 사당복합환승센터 완공 시에는 교통이 더욱더 편리해질 것으로 예상된다.

지하 2층, 지상 12층의 아파트 11개동 452세대 및 부대·복리 시설을 갖춰 건축할 예정이며, 단지가 조금 작지만 세대당 평균 대지지분이 49.6㎡로 크고(일반적으로 49.6㎡ 이상이면 분담금이 많지 않음), 신축세대수가 많아서 투자하기에 적합하다.

재건축 아파트
_ 송파구

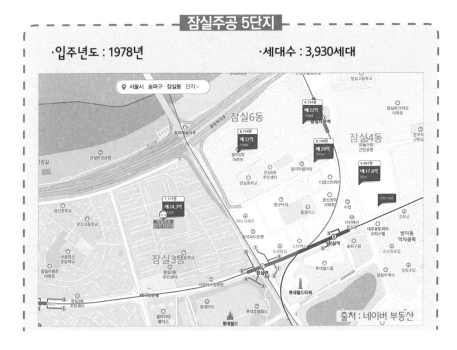

현 사업단계			
사업준비	사업시행(사업시행인가)	관리처분계획	사업완료

총대지 면적	택지면적	정비기반시설 기부채납		용적률	토지등 소유자수	신축 세대수	일반분양 세대수	
		면적	비율				세대수	신축 세대수 대비 비율
358,704㎡	271,395㎡	87,309㎡	24%	300%	4,076명	6,605세대	1,957세대	30%

지하철 2호선과 8호선 이용 가능한 더블역세권

잠실주공 5단지는 잠실역에서 가장 중심지에 위치하고 있다. 하지만 저층 단지였던 1~4단지만 재건축이 되어, 이제 잠실주공아파트 단지에서 유일하게 재건축이 안 된 단지로 남아 있다.

한강공원 잠실지구로 이어지고, 길 건너면 롯데월드, 그리고 뒤편에는 석촌호수가 있다. 단지 내에 신천초등학교가 있는 초품아 아파트이고, 지하철 2호선과 8호선을 이용할 수 있는 더블역세권 단지이다.

토지거래허가제로 가격에 다소 영향은 있으나, 일반분양 세대수가 1,957세대로 신축 세대수 대비 비율이 30%로 높아서 사업성이 좋다고 판단된다.

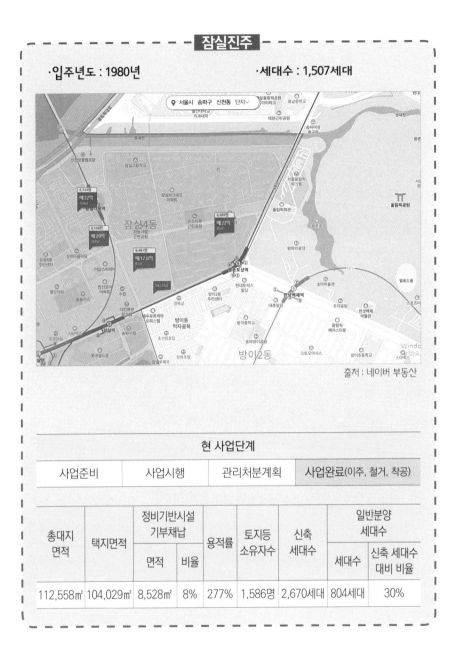

잠실진주

·입주년도 : 1980년 ·세대수 : 1,507세대

서울시 송파구 신천동 단지 ∨

출처 ; 네이버 부동산

현 사업단계

사업준비	사업시행	관리처분계획	사업완료(이주, 철거, 착공)

총대지 면적	택지면적	정비기반시설 기부채납		용적률	토지등 소유자수	신축 세대수	일반분양 세대수	
		면적	비율				세대수	신축 세대수 대비 비율
112,558㎡	104,029㎡	8,528㎡	8%	277%	1,586명	2,670세대	804세대	30%

트리플 역세권으로 교통이 매우 우수

잠실진주아파트는 올림픽 공원과 한강에 인접하여 생활환경이 좋고, 지하철 8호선 몽촌토성역, 9호선 한성백제역, 2호선 잠실역과 잠실나루역을 이용할 수 있는 트리플 역세권으로 교통이 매우 우수한 단지이다.

재건축 초과이익환수제를 적용받지 않고, 일반분양 세대수가 신축 대비 30%로 804세대라서 사업성이 매우 좋다.

2021년 7월에 착공 예정인데, 특별건축구역으로 지정되어 있어서 공공성 확보 기준을 따라야 한다(특별건축구역은 도시경관 보호와 창의적인 디자인 유도 등을 위하여 서울시가 지정하는 구역을 일컫는다).

재건축 아파트
_ 영등포구

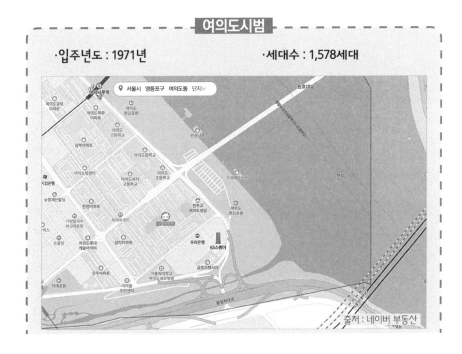

여의도시범

·입주년도 : 1971년   ·세대수 : 1,578세대

출처 : 네이버 부동산

현 사업단계			
사업준비	사업시행(추진위원회 구성)	관리처분계획	사업완료

총대지 면적	택지면적	정비기반시설 기부채납		용적률	토지등 소유자수	신축 세대수	일반분양 세대수	
		면적	비율				세대수	신축 세대수 대비 비율
111,332㎡	96,528㎡	14,803㎡	13%	230%	1,640명	1,996세대	356세대	18%

* 일반분양 세대수에 계약면적 3,166㎡에 해당하는 상가 세대수 미포함

삼면이 한강을 접하고 있어

여의도시범아파트는 여의도 직주근접으로, 삼면이 한강을 접하고 있다.

올림픽대로의 소음 없이 한강변을 바라볼 수 있다는 엄청난 장점을 가진 아파트로, 근처에 큰 녹지와 공원이 있어서 주거 환경이 매우 쾌적하다. 일반분양 세대수는 다소 적지만, 세대당 대지지분이 48.4㎡로 커서 투자하기에 좋다.

재건축 방식을 신탁방식으로 채택하여 진행하고 있다.

〈여의도동 재건축 대상 노후 아파트 세부 내역〉

아파트명	입주년도	세대수	용적률	면적	비고
시범	1971년	1,578	172%	59~158㎡	
대교	1975년	576	205%	85~165㎡	
한양	1975년	576	252%	102~214㎡	
공작	1976년	373	243%	49~135㎡	상업지역
수정	1976년	329	291%	76~165㎡	상업지역
서울	1976년	192	210%	158~238㎡	상업지역
광장	1978년	744	188%	112~198㎡	
합계	-	4,368	-	-	

이 중 상업지역에 속해 있는 공작·수정·서울 아파트가 재건축될 경우, 엄청난 용적률의 이점을 보게 된다. 일반주거지역은 용적률을 가장 많이 적용해도 300%에 불과하지만, 상업지역에서의 주거지역은 600%까지도 용적률 적용이 가능하기 때문이다.

간단히 말하자면, 일반주거지역에 건설하는 아파트보다 2배로 더 높은 건물을 지을 수 있다는 이야기이다. 따라서 상업지역에 속하는 공작·수정·서울 아파트의 재건축에도 주목할 필요가 있다.

재건축 아파트
_ 용산구

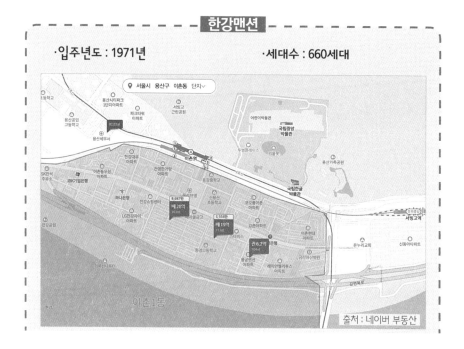

한강맨션

· 입주년도 : 1971년 　　　　　　　　· 세대수 : 660세대

출처 : 네이버 부동산

현 사업단계			
사업준비	사업시행(사업시행인가)	관리처분계획	사업완료

총대지 면적	택지면적	정비기반시설 기부채납		용적률	토지등 소유자수	신축 세대수	일반분양 세대수	
		면적	비율				세대수	신축 세대수 대비 비율
84,241㎡	74,836㎡	9,404㎡	11%	255%	713명	1,450세대	578세대	40%

거실에서 한강 조망 가능

한강맨션아파트는 현재 용적률 101%의 5층짜리 저층 아파트라서 대지지분이 매우 크다는 장점을 가지고 있다(89㎡ → 대지지분 76㎡, 105㎡ → 92㎡, 122㎡ → 102㎡, 168㎡ → 145㎡, 181㎡ → 155㎡).

한강변에 접한 나대지 2,700㎡와 6군데의 놀이터 총 4,277㎡의 대지권 정리가 아직 되지 않은 상황이지만, 이 부분이 해결되고 나면 가격이 폭발적으로 상승할 것으로 생각된다.

지하철 4호선, 경의중앙선 이촌역 바로 앞에 있는 초역세권 아파트이며, 거실에서 남향으로 한강 조망이 가능하고, 강변북로를 통해 교통 이동이 용이하다.

재건축 아파트
_ 양천구

목동신시가지 5단지

·입주년도 : 1986년 　　　·세대수 : 1,848세대

현 사업단계			
사업준비(1차 안전진단 조건부 통과)	사업시행	관리처분계획	사업완료

대단지, 교육환경 우수

목동신시가지 5단지는 건폐율 14%, 용적률 116%가 적용된 대단지이다. 월촌중학교, 양정고등학교, 한가람고등학교 등 우수 중고등학교가 근처에 있고, 목동 학원가와 인접해 있어서 교육 환경이 우수하다. 그리고 현대백화점, 파리공원, 목동도서관, 목동종합운동장 등이 있어 생활환경 또한 좋다. 근처에 지하철 5호선 목동역과 오목교역, 그리고 9호선 신목동역이 위치하고 있어서 교통 편의성도 좋다.

1차 안전진단 조건부 통과를 한 상태로, 추후 공공기관의 안전진단 적정성만 통과되면 본격적으로 재건축 진행이 가능하다. 단, 투자 시에는 2년 실거주를 고려해야 한다.

〈목동신시가지아파트 14개 단지 재건축 진행 현황〉

*2021년 3월 현재

재건축 진행 단계	목동신시가지 해당 단지	비고
1차 정밀 안전진단 대기 중	8단지, 12단지	
안전진단 조건부 통과	1단지, 2단지, 3단지, 4단지, 5단지, 7단지, 10단지, 11단지, 13단지, 14단지	2차 정밀안전진단(적정성 검토)을 통한 최종 통과 여부 결정
통과	6단지	
탈락	9단지, 11단지	

Just Do It!

내 장점 두 가지를 꼽으라면, 첫 번째는 남의 말을 들었을 때 그 이야기를 가능한 한 긍정적으로 생각한다는 것이고, 두 번째는 그것이 나에게 좋을 것 같다고 판단되면 바로 실천한다는 것이다.

그래서 퇴사를 고민하던 시기에 친구로부터 아파트 투자에 대해 이야기를 들었을 때 그것에 대해 긍정적으로 생각했고, 간단한 산술적 계산과 인터넷 기사를 보고 바로 투자를 시작할 수 있었다. 그리고 그 결과는 5년 만에 120억이라는 큰 자산으로 나타났다.

'정부의 부동산 대책이 나오면 보통 단기적으로 조정이 오거나 일시적으로 하락세를 보인다. 하지만 전체적으로 따지면 결국 부동

산은 우상향 그래프를 그린다.'

부동산 투자에 조금이라도 관심 있는 사람이라면 모두가 알고 있는 너무나도 쉬운 답이다.

필자는 너무나도 쉬운 이 아파트 투자법에 대해 많은 사람들에게 침을 튀겨 가며 말해 주었다. 그런데 100명에게 이야기를 하면 그중에서 50명은 이야기를 듣는 순간에만 잠깐 관심을 보였다가 금방 시들해졌고, 30명은 저러다 망할 거라며 나를 걱정하는 눈으로 쳐다봤다. 또 10명은 긴가민가했지만 결국 투자하지 않았고, 나머지 10명만이 내 조언대로 실행에 옮겼다. 물론 그 10명은 아파트 가격 상승으로 수억 원에서 수십억 원의 자산이 불어나는 짜릿한 경험을 하게 된다.

아는 것, 듣는 것도 중요하지만, 가장 중요한 것은 '실천하는 것'이다.

가장 큰 적은 외부에 있는 것이 아니라 스스로를 믿지 못하는 자신인 경우가 많다. 지금도 부동산 투자에 대해 주저하고 있는 자신을 발견한다면, 이 책을 다시금 천천히 읽어 보길 바란다. 그리고 생각해 보길 바란다.

'만약 내가 저자와 같은 상황이었다면 난 그렇게 할 수 있었을까? 지금처럼 현실에 안주하며 살지 않았을까? 나라면 과연 어떤 선택을

해야 할까? 그리고 그 선택이 어떤 결과를 가져오게 될까?'

이 책이 나오기까지 조언해 준 가족과 지인들, 그리고 출판사 직원들에게 감사함을 표한다.

박재진(갓슬러)

투자에 영향을 준 책들

내가 읽었던 책들 중 부동산 투자를 하면서 많은 도움을 받았던 책들을 몇 권 소개한다. 난 이 책들을 읽고 나서 많은 영감을 얻었고 실천하려는 의지가 불타올랐다.

『아기곰의 재테크 불변의 법칙』 / 아기곰 지음

인생을 살아가면서 우리는 돈의 노예가 되어서는 절대 안 되며, 돈의 주인이 되어야 한다. 돈으로부터 자유로워지는 것, 돈의 주인이 되는 것, 이것이 바로 재테크의 목적이다. 그리고 이 책은 그 목적을 달성하기 위한 '재테크 불변의 12가지 법칙'을 담고 있다.

이 책을 읽은 많은 사람들이 이후 재테크 및 부동산 전문가로 활동하며 경제적 자유를 얻었다고 고백했듯이, 나 역시 이 책을 통해 경제적 자유를 누릴 수 있겠다는 희망이 생겼다.

『아파트 언제 어디를 살까요』 / 신준섭(사월) 지음

이 책의 저자가 부동산 투자에 있어 가장 강조하는 것은 종잣돈이 아니다. 이런 돈보다는 오히려 '절실함'과 '꾸준함'을 중요하게 생각한다. 나와 같은 생각에 얼떨결에 집 한 채를 산 거 하며, 우연히 갭 투자에 발을 들여놓은 것까지 투자 계기마저 비슷해 동질감을 많이 느끼며 읽은 책이다.

'돈이 돈을 버는 시스템을 완성한다면 이후에 더 큰 부자가 될 것'이라는 저자의 말에 깊이 공감한다.

『부자 아빠, 가난한 아빠』 / 로버트 기요사키 지음

책 속에 등장하는 가난한 아빠는 고학력자이지만, 자본주의에 대해서는 놀라울 정도로 무감각한 인물이다. 겉으로는 명예로운 삶을 살지만, 은퇴를 걱정하고 돈에 대해 걱정하는 모습을 보이는데, 이 사람은 바로 나를 포함한 우리들의 이야기였다.

자본주의의 본질을 꿰뚫은 부자 아빠처럼 되기 위해서 자본주의의 속성을 공부하기 시작했다.

『부의 추월차선』 / 엠제이 드마코 지음

젊을 때 큰돈을 벌어서 이른 나이에 은퇴하고 인생을 즐기자는 이야기를 공감되게 써 놓아, 내가 공격적인 투자를 할 수 있도록 이끌어 준 책이다. '5년 후, 10년 후'에 어떻게 할 것이라는 이야기는 의미 없다. 지금 당장 시작하고, 지금부터 부자가 되자.

『나는 갭 투자로 300채 집주인이 되었다』 / 박정수 지음

산업기반이 되어 있는 지역의 매매가와 전세가가 낮은 아파트를 지속적으로 투자하는 방식으로 필자는 300채 이상의 집주인이 되었다고 한다.

이 책을 읽다 보면 가슴을 끓어오르게 하는 열정이 생긴다. 도전정신이나 실천력이 부족할 때 읽어 보면 매우 도움이 되는 책이다.

『부동산 차트 투자법』 / 안동건 지음

감에 의존해 투자하는 것이 아니라, 부동산 차트를 보면서 투자 지역을 찾도록 도움을 준다.

KB부동산 시세, 한국감정원 시세 등을 월별, 주별로 보고 어떻게 분석할 수 있는지를 알려 주는 책이다. 부동산 가격의 우상향을 확신시켜 준 책이기도 하다.

『나는 부동산과 맞벌이한다』 / 너바나 지음

부동산 투자 초창기에 두려움을 극복하고, 꾸준하게 노력할 수 있는 마인드를 길러 준 책이다. 또한 월세 혹은 전세금 상승분을 활용

하여 신규 투자를 진행함으로써, 지속 확장되어 가는 자금 시스템이 구축될 수 있도록 생각의 전환을 만들어 주었다.

『합법적으로 세금 안 내는 110가지 방법·부동산편』 / 신방수 지음

부동산 투자는 절세를 하느냐 못하느냐에 따라서 수익이 엄청나게 차이 난다. 그러므로 세금 문제는 아무리 강조해도 지나치지 않다.

이 책은 20년 경력의 세무사가 부동산 투자를 할 때 일어나는 여러 가지 세금 문제와 그에 대한 해법을 스토리텔링 형식으로 재미있게 풀어내고 있어 무엇보다 읽기가 쉽다.

이 책을 통해 합법적이고도 효과적인 절세 방법을 많이 익힐 수 있었다.

『부동산 가치투자』 / 오윤섭 지음

내재가치가 좋은 아파트를 선정할 수 있는 방법을 알려 주고, 그 내재가치를 바탕으로 장기투자를 한다면 부동산이 하락장이건 상승장이건 간에 실패하지 않는 투자를 할 수 있다는 것을 알려 준다.

이 책의 영향을 받아서 한번 집을 사면 가급적 매도를 안 하려고 하는 편이다. '장기로 보유하는 것이 가치의 극대화'라는 것을 체감하고 있다.

박 과장은 어떻게 5년 만에 120억을 만들었나

초판 1쇄 인쇄 2021년 5월 4일
초판 1쇄 발행 2021년 5월 10일

지은이 박재진(갓슬러)

펴낸이 김연홍
펴낸곳 아라크네

출판등록 1999년 10월 12일 제2-2945호
주소 서울시 마포구 성미산로 187 아라크네빌딩 5층(연남동)
전화 02-334-3887   팩스 02-334-2068

ISBN 979-11-5774-696-5 13320